国際比較・住宅基本法

国際比較・住宅基本法
―アメリカ・フランス・韓国・日本―

海老塚良吉・寺尾　仁　著
本間義人・尹　載善

居住福祉研究叢書
第4巻

信山社

───── 〈著者紹介〉(五十音順) ─────

海老塚良吉（えびづか りょうきち／独立行政法人・都市
　　　　　再生機構　都市住宅技術研究所）

寺尾　　仁（てらお ひとし／新潟大学工学部准教授）

本間　義人（ほんま よしひと／法政大学名誉教授）

尹　　載善（ユン・ジェソン／韓国・翰林聖心大学行政学
　　　　　部教授）

───── © 2008 信山社：東京 Printed in Japan ─────

はしがき

　わが国で 2006 年 6 月、遅ればせながら住生活基本法が制定、施行されました。「遅ればせながら」としるしたのは、わが国では長い間、「住宅基本法」の制定が各方面から待たれていたからにほかなりません。それが住生活基本法の名で制定されたわけです。

　基本法には、一般的に二つの意味があると考えられます。一つは、憲法にしるされている国民の基本的人権を保障するプログラムを明示することです。たとえば憲法第 25 条で「国民は健康で文化的な最低限の生活を営む権利を有する」と宣言している社会権は基本的人権の重要な柱であり、条文でこれを保障する宣言を行うことは基本法の役割の一つといえます。二つ目は、国家が特定の行政分野における基本政策あるいは基本方針のプログラムを宣明するするために制定する法律であり、ここにおける基本政策あるいは基本方針は関連個別法を拘束することになります。つまり住生活基本法は、さまざまな住宅個別法を支配する意味合いを有する、きわめて重要な法律ということになります。

　住生活基本法はその意味でいうと、住宅と、住宅というウツワより幅広く住環境までふくめた、行政分野における基本法ととらえていいでしょう。しかし、基本法と名称を付すからには、憲法が明示している社会権の一つととらえられる国民の居住権をどう保障するかに触れられていなければなりません。それが住生活基本法ではどうなっているのか。

　国民の居住権については、古くはワイマール憲法（1919 年）が「経済生活の秩序は、すべての者に人間たるに値する生活を保障する目的を持つ正義の原則に適合しなければならない」（第 151 条）としたうえで、さらに「住居の需要を満たすため、取得することを必要とする土地は、これを公用徴用することができる」（第 155 条）と、国民の

はしがき

社会権、生存権としての住宅確保について触れているのが知られていますが、第二次大戦後に国連が採択した世界人権宣言（1948年）は、その第25条において「すべて人は、衣食住、医療及び必要な社会的施設等により、自己及び家族の健康及び福祉に十分な生活水準を保持する権利並びに失業、疾病、心身障害、配偶者の死亡、老齢その他不可抗力による生活不能の場合は、保障を受ける権利を有する」と、人々の居住の権利について述べています。

さらに近年においては、1996年6月にイスタンブールで開催された第2回国連人間居住会議（ハビタットⅡ）において世界における人間居住の基本的な方針として「ハビタット・アジェンダ（人間居住に関する目標、行動計画等）」が採択されています。これは、世界のすべての人々への適切な住居と、持続可能な都市化の中での居住環境改善のために国内外で努力することを宣言したものですが、その中で「われわれは、国際文書において定められた人々の適切な住居についての権利を十分かつ着実に実現すると言うコミットメントを再確認する」と述べるにいたっています。国連人間居住会議は1976年にバンクーバーで第1回会議を開催していらい、人々の適切な居住実現のための議論を積み重ねてきていましたが、ここにいたり「国際文書（世界人権宣言）」に定められたという文言をわざわざ使って、あらためて人々の居住権の保障実現を訴えたと解していいでしょう。問題はこれを受けて、各国が政策的にどう努力して、居住権を保障するかというところにあるといっていいでしょう。

居住権については、わが国の民法研究者や実務家の一部には、すでに居住権論自体終焉しているという指摘（たとえば成蹊大学法科大学院・安念潤司氏）もありますが、その解釈論の是非はともかく、国家社会における政策目標として、とくに自力では居住改善を望めない経済的に弱い立場の人々に対し、その保障を実現することに政治的に大きな意味があるのはいうまでもありません

住生活基本法が住居と住居を取り巻く住環境に係る基本法とすれば、これを評価するうえでの論点は、この居住権保障をそこにおいて理念

はしがき

としてどう規定しているか、その居住権保障を担保するための国及び自治体等の責務をどう明らかにし、またその責務を遂行する政策をどう明示しているか、さらにその政策により保障される住居が適切なものかどうかチェックする方策が明示されているかどうか、その四点くらいに絞り込まれるといっていいでしょう。

わが国では長い間、住宅基本法の制定が待たれてきたと前述しています。実は、その要望とともに提案されてきた法案などがその核心としてきていたのも、この四点でした。古くは1941年に同潤会の研究会がその四点を中心に据えた住居基本法案要綱の骨子をまとめていて、いまや歴史的資料（『幻の住宅営団－戦時・戦後復興期住宅政策資料』日本経済評論社）になっているくらいです。それから半世紀以上たって制定された住生活基本法においては、それらの点がどうなっているか。

同時にさいきん制定されたフランス、韓国、少し前になるアメリカの、それぞれ住宅基本法というべき法の場合はどうか。つまり、各国の住宅基本法は国民の居住権をどう保障、どう実現しようとしているか。わが国をふくめて、これら四カ国の法を比較・検討・評価してみたらどうか、本書はそうした意図のもとに各国の住宅事情をもあわせて、四人の筆者がまとめたものです。

2008年11月

著 者 一 同

目　　次

はしがき　v

第 1 章　海老塚良吉
アメリカの「住宅基本法」……………3
〔米国 1990 年住宅法〕

第 2 章　寺尾　仁
フランス住宅人権法・DALO 法……53
〔フランス DALO 法の内容　2007 年 3 月 5 日〕

第 3 章　尹　載善
韓国　住宅法………………………………107
〔韓国　住宅法　2003 年 5 月 29 日〕

第 4 章　本間義人
日本　住生活基本法……………………167
〔住生活基本法　2006 年 6 月 8 日法律第 61 号〕

あとがき　207
執筆者紹介

国際比較・住宅基本法

第1章 アメリカの「住宅基本法」

 アメリカには、住宅基本法と称される法律はない。アメリカは人権のひとつとして居住権を認めることを日本と同様に行わず、通常の行政の一環として、すべての国民に適切な住宅を提供するとの目標の下に住宅政策を展開してきている。歴史的には1929年の大恐慌後の住宅価格急落、不況対策のために住宅法が制定され、それ以来、住宅対策のためにエポックメーキングとなるいくつかの住宅法を制定してきてはいる。現在のアメリカ住宅政策の基本を規定しているのはその一つ、1990年のクランストン・ゴンザレス・ナショナル・アフォーダブル・ハウジング・アクト（Cranston-Gonzalez National Affordable Housing Act 以下、1990年住宅法と略す）で、これが住宅基本法に当たるといえば、そうなるものである。この90年住宅法は、タイトルⅡの部分が98年12月に改正されている。

 90年住宅法の後、主だった住宅関連立法としては1998年の公営住宅改良法（the Quality housing and Work Responsibility Act）があるが、この法律は公営住宅と家賃補助制度に関する立法であり、住宅政策全般を扱った法ではない。1998年法は、3年余りの連邦議会での論議を経て成立し、下院では根本的な公営住宅の改革が必要であるとして、1937年住宅法を廃止して新たな住宅法を作ることが提案されていた。上院では「Public Housing Reform and Responsibility Act」として論議され、両院の妥協の上にまとまった法律で、現在の住宅関連支出の大半を占める家賃補助と公営住宅の改善に関する法律であり、現在のアメリカ住宅政策に最も関係の深い法律ということで、90年住宅法と合わせて紹介したい。

 個別分野のテーマを扱った住宅法としては、公正な住宅の入居機会の確保については1968年公正住宅法、ホームレスについては1983年のマッキニー法が基本となる法律であるなど、1990年住宅法が必

ずしもすべての住宅政策をカバーするものではないが、アメリカの住宅政策について、現在最も広範な領域を扱い、基本的な住宅政策の方向を定めているのが1990年住宅法である。そのため本稿では、アメリカの住宅法の流れを概観した後で、現在のアメリカの住宅政策をもっとも広範に規定している住宅政策に関する法律である1990年の住宅法を中心として取り上げ、その後、1998年公営住宅改良法（WHWRA）について紹介し、最後に、現在の住宅政策の関心分野、サブプライムローン問題にふれたい。

I　アメリカの住宅法の歴史

1　19世紀以降の住宅問題

19世紀にアメリカの都市人口は急増した。1850年代までに多くの都市では過密状況になり、大都市ではテネメントと呼ばれる集合住宅に過密に人々が居住した。テネメントは階段で上れる限界である6階建てが大部分であり、採光も換気も悪く、トイレは共用であった。ニューヨーク州はテネメントの建築規制に関する法律を1867年に制定した。火災時の避難路、通風、ゴミ処理、トイレの数、煙突、屋根の修理、地下室、天井の高さなどが規制の対象となった。しかし、この法律の効果は乏しいものであった。建築を監視するスタッフは限られ、規制の内容は厳密性を欠いていて、法律に合致するか判定できない場合があった。そのため、建築規制を強化したテネメント住宅法が1901年に制定された[1]。

こうした状況に対して、慈善組織、宗教組織、建築家・法律家・医師・ソーシャル・ワーカーなどの専門家、フィランソロピストなどは、住宅改革運動に取り組み始めた。スラム居住者の生活改善、テネメントの建築規制、モデル・テネメントの建設などが開始された。

改革家は投資に対する配当を制限して、低家賃のモデル・テネメン

（1）平山洋介 [1993]『コミュニティ・ベースト・ハウジング：現代アメリカの近隣再生』（ドメス出版）などを参照

トを作る運動に取り組んだ。この運動は配当を数パーセントに制約したことから「フィランソロピーと5％」と呼ばれた。1843年に裕福な商人やビジネスマンによりニューヨーク貧困者生活改善協会（New York Association for Improving the Condition of Poor）が設立され、貧しい人々の物的な環境の改善とモラルの向上をめざした[2]。ニューヨーク貧困者生活改善協会は、1854年に関連会社をつくり、87戸のモデル・テネメントを建設している。ボストン・コープ建築会社は、1871年に活動を開始し、5つのモデル・テネメントを建設した。ニューヨークの住居改善協会は218戸のプロジェクトを1882年に建設した。これらのモデル・テネメントは各住戸の規模は一般のテネメントと同程度であったが、中庭を配置するなどして、通風、採光は大幅に改善され、屋上に貯水タンクが設けられて上層階の住戸にも給水が届くようにするなど工夫がされた。

当時の住宅改革に取り組んだ多くの人々は、西欧で人気のある地方政府が低所得者向けの住宅建設を行って管理するという考え方に反対した。住宅事業のために公的な資金を使い、民間企業と競争するのは誤りで、政府の援助がなくても民間部門で問題解決ができることを示そうとモデル・テネメントが建設された。しかし、モデル・テネメントはある程度は良質な住宅を供給することができたが、その供給戸数はわずかなものに過ぎなかった。1910年までの40年間にマンハッタンで、3,588世帯（17,940人）に対して25プロジェクトのモデル・テネメントが供給されたが、同じ期間に25万3,510世帯（100万人以上）に対して27,100プロジェクトの投機的なテネメントが建設された[3]。

市場機構の下で低家賃の住宅建設を行うには限界があり、配当を限定しても貧困者が負担できる家賃水準にまで下げることは困難であった。モデル・テネメントの入居者は慎重に選別され、とくに低所得の者は排除されていた。

（2） Koebel, C. Theodore edit. [1998] *Shelter and society*, State University of New York Pres, p.93-94
（3） Koebel edit. [1998], p.94-97

20世紀を迎え、住宅問題への政府の対応を求める議論が開始された。エディス・エルマー・ウッドはワシントンDCを対象として住宅法案を1913年と1914年に書き、非営利住宅会社への連邦政府の低利融資、政府機関による住宅の直接供給などを意図した。しかし、この住宅法案は議会で承認されなかった。

　1917年からアメリカは第1次世界大戦に参戦した。軍事工場労働者の住宅不足は深刻で、1917年に設置された緊急商船公社の住宅局は、造船会社が出資する配当制限会社に融資して、5万5,000人の労働者に住宅供給をした。米国住宅供給公社（United States Housing Corporation）は1918年に設立され、3万8,000人の労働者に対して住宅の直接供給を実施した。しかしこれらの施策は一時的なもので、終戦を迎え、建設された住宅の大半は売却され、計画途上の事業は破棄された。

　第1次大戦後、住宅建設は停滞した。住宅のモーゲッジ市場から資本が流出しているとして、税制の配慮や第2次モーゲッジ市場の整備が提案された。1921年、商務省長官の共和党のハーバート・フーバーは建設住宅局を設置した。フーバーは経済成長の牽引車としての住宅建設を重視し、建設資材の標準化や住宅建設のコスト削減を試みた。住宅建設が急増して、第1次世界大戦前は年間約40万戸であったのが、1925年は年間100万戸近くに建設戸数が増加した。

　第1次世界大戦後の住宅不足で低所得者の借家問題も深刻化した。家賃が上昇し、支払うことのできない大量の世帯が立ち退きを迫られた。借家人運動が組織され、家賃ストライキが実行された。ニューヨーク、ニュージャージー、ワシントンDC、マサチューセッツなどの多数の州・地方政府は、家賃規制を実施したが、規制は一時的なものであり、借家人運動も次第に弱まっていった。

　アメリカ地域計画協会（Regional Planning Association of America）は1923年に結成され、建築・都市計画、住宅問題に関する主要な専門家が集まっていた。協会のメンバーはエベネザー・ハワードの田園都市の考えに影響を受け、1924年都市住宅会社（City Housing Corporation）を配当制限会社として設立した。同年にニューヨークのサニーサイド・ガーデンズが着工された。1928年にはニュージャージーにラドバーンの建設が開始された。歩車道を分離したクルド・サック、街区を一体的な敷地として扱うスーパーブロック方式、オープンスペースをもつ良質な住宅地が形成された。低所得者も入居できる住宅を含める計画であったが、配当制限会社であっても住宅価格の引き下げは難しく、入居できたのは中産階級だけであった。

2 1937年アメリカ住宅法の制定

 連邦政府による住宅部門への介入は、大恐慌の危機に対応したニューディールの時期に始まった。1932年から1938年にかけて、連邦政府による住宅金融の制度と低家賃公営住宅制度の土台が築かれた[4]。

 1929年に株価が暴落して大恐慌が始まった。1933年までに国民総生産は45％に及ぶ低下を示し、失業率は5％から38％に増加した。住宅建設戸数は1933年には年間約10万戸に減少した。住宅の抵当流れ件数は1933年には約25万件に増大した。1929年に大統領に就任した共和党のハーバート・フーバーは住宅市場を回復させるために1932年に連邦住宅融資銀行（Federal Home Loan Bank）を設立して、民間の金融機関に資本を供給して、モーゲッジ市場の信用性を高め、資本流通を促進した。

 1933年に大統領に就任した民主党のフランクリン・デラノ・ルーズベルトはニューディール政策による一連の施策に着手した。モーゲッジ全体200億ドルの負債総額のうち約半分は債務不履行になっていたが、1933年に住宅所有者融資公社（Home Owners Loan Corporation）を設立し、債務不履行のモーゲッジを債権者から買い取り、債務者に長期の再融資を行って両者を救済した。初年度で100万件のモーゲッジに30億ドルが投入された。

（4） レイモンド・J・ストライク、マージェリー・A・ターナー、上野真城子［1989］『米国における将来の住宅対策』総合研究開発機構、p.45

1934年、全国住宅法が制定され、連邦住宅庁（Federal Housing Administration）が設置された。連邦住宅庁は持ち家を購入する際のモーゲッジに公的保証を与えて債権者のリスクを軽減した。それまでの民間の金融機関の供給するモーゲッジは、融資額は資産価値の40％から50％、返済期間は3年から5年であったが、公的保証の下で、資産価値の80％、返済期間は20年となり、利子率は10％から5％を下回る水準に低下した。住宅市場は1934年から回復に向かい、連邦住宅庁は新規のモーゲッジ件数の3分の1に関与した。

　1933年に全国産業復興法が制定され、公共事業庁（Public Works Administration）の住宅局は公営住宅の建設に取り組んだ。公共事業庁長官のハロルド・アイケスは、当初は配当制限会社への低利融資を通じて住宅建設を行ったが、投資利益が少ないことから事業が進まず、1934年に住宅局自身による直接供給と所有に踏み切った。住宅局長の建築家ロバート・コーンは、優れたデザインの集合住宅を建設し、1933年から37年にかけて51プロジェクト、21,800戸[5]が建設された。しかし、民間企業からは市場の住宅と競合するとして批判され、連邦政府の土地収用に対しては地方政府からの反発があった。

　大恐慌の後、住宅の改革を求める人々は民間の慈善活動の限界を知り、政府が住宅問題に強くかかわることを求めるようになった[6]。公共事業庁の住宅建設は雇用創出を意図した一時的な対策であった。公営住宅の制度化を求めて労働運動がおこり、1934年にフィラデルフィアの労働運動を基盤として結成された労働者住宅会議（Labor Housing Conference）は、キャサリン・バウアーを代表者として運動を展開し、「住宅問題の公共性を認め、連邦政府が大規模に介入すること、公営住宅は普遍主義にもとづき、広範な階層に対応すること、連邦政府の直接供給に並行して、労働者自身が参加する非営利セク

（5） Hoffman, Alexander von [1996], High Ambitions: *The Past and Future of American Low-Income Housing Policy*, Housing Policy Debate, Vol.7 Issuee3, Fannie Mae Foundation, p.425

（6） Koebel edit. [1998], p.98

ターを育成し、非営利住宅会社、協同組合への支援を実施すること」を要求し、連邦住宅庁の持ち家政策については批判した。キャサリン・バウアーは長年にわたりアドボケーターとして、住宅専門家の仲間と共につくした。この仲間の中には、NAHRO（The National Association of Housing & Redevelopment Officials）の前身である The National Association of Housing Officials の初代代表や初代事務局長などが含まれた[7]。

ニューディール政策に深く関与し、恒久的な公営住宅の制度を検討していた上院議員のロバート・ワグナーは1935年、36年と公営住宅の法案を連邦議会に提出した。公営住宅と民間住宅の競合に反発した住宅関連産業や、持ち家所有の衰退を危惧した不動産業界の反対にあったが、1937年に3回目の法案を提出し、アメリカ住宅法が成立した。しかし、多様な非営利セクターへの支援は認められず、入居者を低所得者に限定し、公共事業としての雇用創出を意図した制度となった。

アメリカ住宅法は、1937年11月に制定され、公営住宅事業と住宅公社の仕組みが生み出された。そして、危険で不衛生な住宅状況を除去して、適切で安全かつ衛生的な住居を低所得世帯に供給し、失業率を減らし、雇用を促進するために住宅公社が設立された。

住宅法の第1条では、「この法の下で供給される資金と信用を活用して、州および関連組織が失業者対策を進め、危険で不衛生な住宅状況を改善し、適切で安全かつ衛生的な低所得者向け住居を、健康で安全、かつ道徳的な農村部および都市コミュニティにおいて供給することで、福祉を増進することを国の政策として宣言する」としている。

3　第2次大戦以降の住宅政策

1937年住宅法が制定され、その後、第2次世界大戦をはさんだ

---

[7] Mary Barron [2007], *A History of Anniversaries, The 1937 U.S. Housing Act Through The Year*, Journal of Housing and Community Development, October 2007, The National Association of Housing & Redevelopment Officials, p.26-30

1947年までの10年間に16万8千戸の公営住宅が建設され、ほぼ同数のスラムが撤去された。

第2次世界大戦後に連邦政府は、住宅不足に対処するために1949年住宅法で6年間に81万戸の公営住宅を建設する計画を作成したが、実際に建設されたのは20万戸にとどまった。1968年住宅法でも連邦補助により年間13万戸以上が計画されたが、1971年の年間9万戸をピークにしてその後の公営住宅建設は次第に減少していった。公営住宅の建設は貧困層の集中したコミュニティを作り出す等の批判があり、1974年住宅法のセクション8で民間借家に居住する低所得者世帯への家賃補助が開始され、1983年住宅法でさらにバウチャー方式による家賃補助が導入されて、住宅政策は公営住宅に対する補助から民間借家の低所得世帯に対する家賃補助にシフトしていった。福祉や住宅予算が削減された1980年代には、公営住宅に代わって民間非営利組織（CDC等）が台頭し、近年では年間2～3万戸を建設して低所得者向け住宅供給の主たる担い手となってはいる。しかし、管理する賃貸住宅は50万戸程度のわずかな戸数にとどまり、小規模な経営的にも不安定な組織が多く、十分な力を持っていない。現在は、大規模公営住宅の建て替え事業（HOPE Ⅵ）などで公営住宅を減らして、公営住宅が減少している。

1968年に制定された公正住宅法は、人種や所得、子供のいる世帯などに対する入居制限を禁止した法律であるが、この法律の制定後も様々な形で入居者の差別は継続していて、現在もその取り組みが続いている。

アメリカでは、1970年代後半から80年代初めにかけてニューヨークやシカゴ、ロサンゼルスなどの大都会の路上や公園、駅で寝泊りするホームレスが急増した。それ以前にも住宅のないホームレスはいたが、格安な料金で宿泊できるSingle Room Occupancy（SRO）ホテルなどに宿泊していることが多く、これらの人々は大半が単身の白人男性であった。しかし80年代に増加したホームレスの中には、女性や子供のいる母子世帯が増えて、黒人やヒスパニックなどのマイノリ

第1章 アメリカの「住宅基本法」

ティが半分余りを占めるようになった。ホームレス人口の推計には様々な数字があるが1984年の住宅都市開発省（HUD）調査は全米で25～35万人としている。

増加したホームレスに対して地方政府及び州政府は、ホームレスが宿泊できる緊急シェルター（無料宿泊所）を整備して、スープ・キッチン（無料食事提供所）を開設した。緊急シェルターのベッド数は、1984年には10万ベッドであったのが、88年には27万5,000ベッドへと増加した。連邦議会では1982年に下院の住宅及びコミュニティ開発小委員会でホームレス問題が取り上げられ、対策が検討されるようになり1987年にホームレス生活者のための緊急救援法、すなわち、スチュワート・B・マキニー・ホームレス法（The Stewart B. McKinney Homeless Assistance Act）が制定された。この法律により住宅都市開発省による緊急シェルターと支援住宅事業への補助等が開始された。1980年代のホームレス人口の急増は、福祉政策の後退（生活保護費の減少、支給期間の短縮等）と住宅政策の縮小（公営住宅建設数の削減、家賃補助の減少など）が基本的な原因とされている。

ホームレスの住宅対策についても、1990年住宅法のタイトルⅧ. 特別なニーズをもつ人々のための住宅の中で、C．ホームレスのためのサポーティブ・ハウジング、1．マッキニー法の改定として、821条マッキニー法の修正、822条「ホームレスの人」の定義などで整理、規定された。

Ⅱ　1990年住宅法

1980年代にレーガン政権の新自由主義経済の下で、連邦政府が小さな政府を目指し、福祉や住宅政策への財政支出が削減され、住宅問題は深刻化した。レーガン政権発足の1981年会計年度と最後の1988年会計年度を比較すると、連邦予算全体に占める住宅・都市開発省の新規予算は1981年では4.59％であったが、1988年には1.31％へと三分の一以下に削減された。支出予算は前年度以前に承認された契約分を含むため81年の140億ドルから88年の189億ドルへと増加し

ているが、住宅・都市開発省の職員数はこの間に1万5,122人から1万2,511人へと2割の削減がされている。福祉関連予算が全体として縮小される中でホームレス人口は1990年には30万人に急増し、住宅政策についてどのように取り組むべきか全米で議論が行われた[8]。

1987年には上院住宅委員会のクランストン（90年住宅法提案者2人のうちの一人）とダマト両議員が主要な住宅関係者を集めて、新しい住宅法を制定するための基盤づくりを始めた。両議員の要請で1987年9月に住宅特別調査委員会（National Housing Task Force、代表James W. Rouse）が設置され、1988年3月に報告書「A Decent Place to Live」をまとめた。報告書は、大部分のアメリカ国民は良好な住宅に入居しているものの、住宅問題を抱える数百万人の国民がおり、低家賃住宅を求める世帯は増加していると現状を分析し、連邦政府の厳しい予算制約の現実を受け入れながらも、住宅政策における連邦政府の体制づくり等の主導的な役割を強調し、州、地方政府、民間企業、非営利組織との協調により住宅問題の解決の努力が必要であるとしている[9]。

『Building Foundation』[10]は、代表的な研究者、実務家20名余りが集まり、1988年から90年にかけてアメリカ住宅政策全般について体系的な研究成果をまとめた大著であり、住宅政策として当時のアメリカが何を重視したかを知ることができる。これらの議論と研究成果の積み重ねをまとめ、住宅都市開発省（HUD）が提案したHOPE事業とHOME事業等を盛り込んで1990年住宅法は制定された。限られた連邦政府の財政負担の下で州および地方自治体や民間営利・非営利組織が連携して問題解決を図る方法が模索されている。

---

(8) 海老塚良吉［1992］「アメリカの住宅政策の動向：1990年法制定の背景」『住宅』1992年7月号、日本住宅協会
(9) 同上
(10) Langley C. Keyes and Denise Dipasqual edit, *Building Foundation*, 1990, University of Pennsylvania Press

第 1 章　アメリカの「住宅基本法」

1　1990 年住宅法の意義

　90 年法は制定以来すでに 10 数年が経過して、直接に住宅政策の議論の表舞台に登場することはほとんどなくなっている。今日のアメリカ住宅政策の主たる関心は、持ち家率の向上、公営住宅の再編、家賃補助制度などの個別のテーマに向けて法制度の整備が進んでいる。しかし、現実に発生している個別の問題に対しての立法や法制度の改正は 98 年公営住宅改良法などにより行われているものの、アメリカの住宅政策の全体を規定する法律は、現時点においても 90 年住宅法のみであって、この法律が法制度の中核に位置していると考えられる。アメリカの住宅政策論議の中で、住宅政策の全体像を大きく変革しようとの動きはなく、1990 年住宅法は当分の間は、住宅政策の全般的な規定を行っている基本法的な役割を果たしていくものと思われる。アメリカの住宅政策の全体像を把握する上で、90 年住宅法を理解することは今日でも十分に意義のある研究対象となっている。

2　1990 年住宅法の構成

　1990 年住宅法の全体は、下記のようにタイトル I から X で構成されている（詳細の項目は別表 1 を参照）。持ち家への住宅ローン制度、公営住宅、家賃補助、高齢者やホームレス住宅、コミュニティ開発など、住宅政策の全分野について規定している。

　この法律で新たに規定された事業制度としては、連邦、地方、民間等のパートナーシップにより住宅供給を進めるとする HOME 事業、低所得者や公営住宅の入居者を含めて持ち家の機会を増やすとする HOPE 事業の 2 つがある。連邦政府が地方自治体の住宅事業に補助を行うための新しい仕組みとして、5 カ年計画にわたる住宅計画としての住宅戦略 Comprehensive Housing Affordability Strategy（CHAS）を制定しなければならなくなった。CHAS は 1995 年度から統合計画（consolidated plan）に制度改正された。

Ⅰ 一般条項と政策
　住宅政策の目標、住民参加、省エネ、自治体の住宅戦略など
Ⅱ アフォーダブル・ハウジングへの投資
　HOME 事業、パートナーシップ、自治体への補助など
Ⅲ 持ち家
　住宅金融、FHA 保険、第 2 次モーゲッジ市場など
Ⅳ すべての人々に持ち家の機会を与える事業
　HOPE 事業、公営住宅の持ち家化など
Ⅴ 住宅補助
　公営住宅、家賃補助（バウチェー）など
Ⅵ アフォーダブル賃貸住宅の保全
　住宅補助事業の繰上げ償還対策など
Ⅶ 地方農山村住宅
　地方の住宅対策など
Ⅷ 特別なニーズをもつ人々のための住宅
　高齢者、障害者、ホームレス、エイズ患者の住宅
Ⅸ コミュニティ開発とその他多々事業
　コミュニティ開発一括補助金（CDBG）など
Ⅹ 促進資金の可能性
　促進資金可能性法の修正

3　住宅戦略（Comprehensive Affordability Housing Strategy）

　90 年住宅法のタイトルⅠ．一般条項と政策には、自治体の住宅戦略が規定され、連邦政府から住宅関連事業（公営住宅、家賃補助、HOME 事業、HOPE 事業など）への補助金を受けたいとする州、地方政府は、住宅戦略の作成を義務づけられた。住宅戦略には、都市の状況、住宅問題、住宅ニーズ、公的住宅の現況、住宅事業、住宅予算等を統一的な様式で記載され、各都市の住宅状況、住宅政策を理解することができるようになった。

　住宅戦略の記載要領は、州や地方政府の様々な意見を取り込んで、

これまでも修正されてきたが、住宅戦略の作成に代わって、他の関連事業の計画書との重複による事務の煩雑を避けるために1995年度から統合化計画（Consolidated Plan）を州及び地方政府は作成するようになった。

4 HOME 事業

住宅法のタイトルⅡ．アフォーダブル・ハウジングへの投資では、HOME 事業が規定され、低所得（地域の中位値所得の80％以下）世帯及び極低所得（地域の中位値所得の60％以下）世帯のための持ち家及びアフォーダブル住宅を増加させるために、住宅戦略を作成して州及び地方政府等が、地域の住宅ニーズに応じて様々な住宅活動を行う場合の補助について規定し、家賃補助、住宅修復、初めての持ち家所有者への補助、一定条件の下での新規建設、敷地の購入、造成、解体、移転等に補助金が支給される。但し、行政経費、公営住宅の改良費、他の連邦事業のマッチング・ファンド（自治体負担金）としては使えない。この資金を用いて供給された賃貸住宅の90％以上は極低所得世帯に、残り10％は低所得世帯に供給されなければならない。持ち家の場合は低所得世帯に供給されなければならない。自治体は一定のマッチング・ファンドを用意しなければならず、また、供給する住宅の15％はコミュニティ住宅開発組織のために配分しなければならない。新規事業であるために、地方公共団体の側に戸惑いがあり、また、地方公共団体の側の負担金（マッチング・ファンド）も原因となって当初は十分な事業実績があげられなかったが、次第に事業が進むようになった。

5 HOPE 事業

住宅・都市開発省が提案して1990年住宅法の中に盛り込むことになったHOPE事業（タイトルⅣすべての人々に持ち家の機会を与える事業）については、公営住宅の居住者への払い下げ等をめぐって、当初から、推進側の住宅・都市開発省政策担当者と批判側の地方公共団体

職員や研究者等の間で論争があったが、クリントン政権下になり、新規事業はストップした。そして、事業方式の修正が何度か行われ、これまで6つのタイプの事業を実施してきた。

1990年住宅法で制度化されたHOPE事業の一つとして、1993年度からHOPE Ⅵ事業が実施された。HOPE Ⅵ事業は、アメリカの公営住宅130万戸の中で、荒廃した大規模団地10万戸余りを対象に1993年より連邦政府予算だけで50億ドル以上を投入して実施されてきた。当初は10年間の予定の事業であったが、事業実施が遅れて、2006年度まで予算措置は延長されて一応は終了しているが、建設工事は各地でその後も進行中である。建て替え後の住宅は、一部は従前の居住者が公営住宅として入居し、他は低所得者向けアフォーダブル住宅および通常の市場家賃の住宅であり、入居者の所得階層の混合が図られている。

アメリカでは従来、公営住宅を1戸壊す際には新たに1戸を建設することが義務付けられていたが、その原則が変更されて家賃補助で代替できるようになり、この原則が変更後、2004年9月中旬までに約16万5千戸の公営住宅が取り壊しの承認を受け、11万5千戸以上が実際に取り壊された。2004年6月時点で取り壊し承認を受けた公営住宅の60％、実際に取り壊された公営住宅の50％はHOPE Ⅵの事業によるものである[11]。

HOPE Ⅵ事業によりアメリカ各地で公営住宅の建て替え事業が進み、公営住宅と家賃補助のある民間住宅に建て替えられてコミュニティの活性化が図られてきた。建て替え前後の住宅数の合計は原則として同じである。2004年夏までにこの事業により約1万6千戸の公営住宅が元の敷地か、その近隣で新たに建設された。また、約7万戸の家賃補助が公営住宅を取り壊す代替として提給された。

しかし、所得階層の混在するタウンハウスや低層住宅としてHOPE Ⅵの補助を受けて建て替えられた公営住宅の団地の数はそれ

---

(11) 海老塚良吉［2007］「アメリカの公営住宅と家賃補助：1998年以降の変化」『月刊住宅着工統計』2007年1月号、建設物価調査会、以下もこれを参照

ほど多くはない。事業の進行は遅く、2003年夏までに補助を受けた165団地の内で完成したのは15団地だけである。2002年度までの50億ドルの予算のうち、債務負担がされたのは33億ドルで、2004年6月までに支出額は29億ドルにとどまる。2003年度のHOPE VI事業として応募した56団地のうち24団地が採択された。HOPE VI事業は公営住宅を管理する地方住宅公社（LHA）が提案する建て替え計画案を住宅都市開発省（HUD）が審査して事業採択するコンペ方式が用いられているが、採択の基準のひとつとして、計画立案への住民参加などと並んで、投入する公的資金の何倍の民間投資を引き起こすかという梃子入れ効果（レバレッジ）が重視されている。

多額の費用をかけて建て替えられた団地は、近隣地域が改善され、居住者の所得が向上し、失業率が低下した。犯罪も減って近隣の不動産価値が向上した。事業の成果について、とりわけ従前の居住者にどれだけ利益になったか問題とされている。建て替え後に元の敷地の住宅に入居した居住者は10％から20％にとどまる。これらの人の中に明らかに良質な住宅に入居ができ、新しい環境を喜んでいる人々もいる。しかし、本当に生活状況が改善されたか十分な情報はなく、決定的な証拠はない。所得階層の混合による住宅開発理論で、多くの場合失業している低所得者が、便益を受けているかはっきりとしない。いずれにしても、働いてもいなければ学校にも行っていない世帯は選別して除かれ、容易に入居ができない。入居した人々にとっては、これまでの古い団地では享受できなかった新しい商業および行政サービスが利用できるようになった。

家賃補助に切り替わった世帯は、一般に安全で貧困者の少ない地域に良質な住宅を見つけている。経済的に様々な階層の人が居住している健康的な地域というのは、世帯にとって重要なことであるが、緊急に必要なことというわけではなく、また世帯構成員のすべてに良い影響を与えるということでもない。調査が始められ一部の地域では、移転により雇用率の改善などが証明されている。

家賃補助を受けて移転したほとんどの世帯は利益を得ているが、失

敗事例も生じている。家賃補助に切り替えた世帯の一部は、入居した住宅から追い出されているが、これは電気・ガス・水道料金の支払いや厳密な契約条項などの新しい義務を理解する十分な支援を受けていないためである。家賃補助は一部の人が期待したほどは人種差別問題を改善していない。多くの世帯はやや貧困状況が緩和された地域で、元の公営住宅と同様に人種が固まっている地域に移転している。

最大の建て替えが実施されたシカゴ市の事例を対象にしていくつかの調査が実施されている。市では4万戸の公営住宅の建て替えを計画し、このうちの半数を取り壊して、5千戸の新規住宅を所得混合の団地の中に建設し、1万5千戸は家賃補助に切り替えている。

筆者は1996年に公営住宅等の調査でワシントンDCを訪問し、公営住宅建て替え事業（HOPE VI事業）を勉強するため現地のセミナーに参加した経験があるが、研修時間の大部分は事業資金のファイナンスに関するものであり、参加者には公営住宅の担当職員以外に多くの民間金融機関の関係者が含まれていた。日本の常識からすると公営住宅の建て替え事業は国と地方の公的資金により実施されるが、アメリカでは公的資金と民間資金が混合して利用され、ビジネス・チャンスとして民間企業の関係者などが研修に参加していたのである。

6　1998年公営住宅改良法[12]
　　（Quality Housing and Work Responsibility Act）

この法律の目的は、低所得者世帯に安全で健康な環境の下でアフォーダブルな住宅の供給を促進することであり、そのために次の7つの戦略を採用した。

1）規制緩和：地方住宅公社は連邦政府の規定により事業運営を制約され、住宅を壊したり、家賃補助に切り替えたりすることができず、入居者選定や入居者の家賃負担額についても規制をされてきた。この規制を緩和することで良好な住宅管理ができるようにす

---

[12] Rod Solomon [2005], *Public Housing Reform and Voucher Success: Progress and Challenges*, Brookings Institute, よりまとめた。

る。
2）資金源の多様化：連邦の補助金だけでは資金が不足するために、資本投資や、支援サービス、運転資金に民間資金等を利用できるようにする。
3）様々な所得階層の混合と低所得者の集中排除：貧困者が集中することを避け、様々な所得階層の人々がいるコミュニティを形成し、家賃補助の受給者が一定地域に集中しないようにする。
4）管理状況についてのアカウンタビリティを高める：地方住宅公社の運営状況を明示し、効率的な運営を行っている組織には報償を与えて目標達成を促す。
5）居住者の自立の向上：福祉改革と共に支援世帯の自立性を高めるようにする。生活保護制度（Temporary Assistance for Needy Families）などとも連携し直接の支援費用を削減する。
6）家賃補助制度の統合：サーティフィケートとバウチャーの家賃補助を統合して、市場での住宅選択の自由度を高める。
7）問題を抱えた公社と最悪の団地の改善：問題を抱えた団地を取り壊すか改善するかについての規制を緩和し、住民支援等に必要な広範な資金を用意する。

　法律ではアフォーダブル住宅の供給を促進するとしているが、具体的な戸数などの政策目標を含んでいない。例えば1968年の住宅・コミュニティ開発法では目標とする住宅戸数が掲げられていたが、この法律では明示されていない。また、公営住宅を不動産事業として見て、良好に管理ができるように規制緩和するのか、公営住宅を福祉事業として見て、居住者の自立を促進するため経済的機会を提供するのか、法律では不明確のままに残され、また、自治体に一定の権限を移管するとはしながら、都市開発省にどこまで政策決定の権限を残すのかについても法律では不明確であり、法律を実施する過程でこれらの対立点が顕在化した。

　98年法は、公営住宅ストックの改善を目的としたものであるが、改善はどの程度進んだのか。公営住宅の修繕の未処理分は1998年時

点で 216 億ドル分があるとされた。改善費用は 1 戸当たり平均で世帯向け住宅では 2 万 1 千ドル、高齢者住宅では 1 万 3 千ドルが必要とされた。これに加えて、毎年、新たな資本資金の需要として 20 億ドル以上が発生する。歳出予算ではこの両方を賄うため約 30 億ドルを充当してきた。1998 年法はこのような状況に対応するため、住宅管理の規制緩和や公営住宅資金以外の資金の利用、様々な所得階層の混合した地域づくり、深刻に荒廃した公営住宅の建て替えや再生などの下記のような様々な施策を定めた。

- **公営住宅を 1 戸取り壊す際に 1 戸を新たに建設するという規則の廃止**：この規則は 1987 年より義務付けられるようになったものだが、当初のねらいは、取り壊しにより便益を受けることのできる住宅戸数の減少を防ぐことにあった。しかし、取り壊しの対象になる住戸の多くは人が住んでいない荒廃した住宅であり、公営住宅の代わりに家賃補助に切り替えることで便益者の数を維持することができる。地方住宅公社は建て替えのための新たな敷地を見つけることができず、また、必要資金が十分にない中で、この規則のために公営住宅の資産管理ができなくなっていた。1992 年の時点で約 8 万 6 千戸の公営住宅が深刻な荒廃状況にあり、大規模改善か、建て替えが必要な状況にあった。規則を廃止したことで、公営住宅のコミュニティの改良が可能となり、公社は住宅管理に手がつけられるようになった。（1995 年より実施）
- **住宅取り壊し承認の簡素化**：公営住宅を取り壊す際の住宅都市開発省の承認を簡素化し、手続きの時間が短縮化された。（1995 年より実施）
- **改善資金の用意**：自由性のある資本投資をするための補助金を用意し、公社が既存住宅の改善や建て替え、低所得者向け持家事業に自由に使えるようにした。これまでは用途が限定されていたが、公社は最も効率良い用途に使えるようになった。運転資金についても統合化された。（1996 年より実施）

第 1 章　アメリカの「住宅基本法」

- **てこ入れ資金の促進**：公営住宅の改善や混合開発を進めるため資金を民間からの借り入れできるようにした（2000 年より実施）。また、資金借り入れのために公営住宅に抵当を設定し（2003 年より実施）、返済金に運転資金の補助金を充足できると規定した。また、地方住宅公社が開発や支援サービスの提供等を行うために、民間との共同企業体に参加したり、子会社を設立したりできるようにした。（2000 年より実施）

　また、民間資金と混合して公営住宅法に準拠する範囲内で民間組織が公営住宅を所有、管理することを認めた（1994 年より実施）。1998 年までに公営住宅の補助金と低所得者向け税控除（LIHTC）とを結びつけることが可能となった。
- **総額開発コストの上限の設定**：法は資本補助により賄うことができる公営住宅の総額の開発費用を再定義した。これは住宅都市開発省が公営住宅再生の努力を骨抜きにするような非現実的なレベルに制限することを妨げるための規定である。（1998 年より実施）
- **HOPE Ⅵ事業の承認**：荒廃した団地を建て替え、関連の支援及びコミュニティサービスを提供する HOPE Ⅵ事業の大きな予算を承認した。HOPE Ⅵ事業は毎年の歳出予算法で規定される。（1993 年より実施）
- **家賃補助への転換の要求**：1996 年には荒廃している大規模な公営住宅について取り壊して家賃補助へ転換することを規定していたが、荒廃して管理費のかかる小規模の公営住宅を取り壊して家賃補助へ転換することができるように規定した。
- **自主的な家賃補助への転換**：家賃補助の方が、費用がかからないなどの一定の条件を満たしたときは地方住宅公社の自主的判断で家賃補助への転換をできるように規定した。

　住宅都市開発省によるこれらの施策の実施は、時期や手段、積極度、自由度、創造性などに大きな差異がある。住宅都市開発省は公営住宅の取り壊しを促進しようとして HOPE Ⅵの補助金を地方住宅公社に

与え、実際に民間との共同資金による開発や民間資金の借り入れを許可した。しかし、地方住宅公社に資産管理の自由性を与えるなど、法の規定した重要な施策のいくつかは実施していない。

　公営住宅を1戸取り壊すときは1戸を建設するとの原則の廃止は1995年に一時的に採用され、その後、毎年実施され、法律に規定された。公営住宅を取り壊す際の処理手続きの簡略化も、行政手続きとして先に行われ、それが後で法に取り込まれて規定された。このように住宅都市開発省は地方住宅公社が公営住宅の資産処分に大きい裁量を与えるようにしてきた。1996年にクリントン政権は荒廃または陳腐化した公営住宅10万戸を取り壊して代替するとの目標を設定した。住宅都市開発省は急ぎ96年法の下で深刻な荒廃した公営住宅を法定で転換できるように規定した。コンサルタントを雇用して多数の公営住宅を抱えている都市でアセスメントを行って開発課題を特定し、最も関係する地方住宅公社（シカゴやフィラディルフィア、ピッツバーグ、セント・ルイスなど）と協議した。

　住宅都市開発省は急ぎ開発費用の総額を通知により変更できるようにして、98年法が適用される初年度には、HOPE VI事業の応募者の要請により、この規定を盛り込んだ。住宅都市開発省はHOPE VI事業についての規制を定めなかった。そのため事業は10年間にわたり実施されてきたが、ブッシュ政権は1団地あたりの補助額を削減し、補助を行う団地を選定する際に、迅速に事業が進められるかに重点を置いて事業地区を採択した。

　事業の補助金額の算定は建て替えられた公営住宅の廃止に応じて計算され、毎年の歳出予算法により規定されるという自由性を持っていた。公営住宅が開発により取り壊された後も10年間は地方住宅公社に資本補助が継続された。

　地方住宅公社が民間から借り入れた資金の返済に将来の資本補助金を充当することに規制を行わなかったのは、ワシントンDCやシカゴからの要望による。住宅都市開発省の認可なしに返済がされるということで債券市場からの資金調達が促進されるようにした。

98年法で規定された資本補助金のみ、または運営補助金のみによる開発や公営住宅を担保にした資金借り入れについてはクリントン政権、ブッシュ政権とも規定を設けなかった。また、官民の混合資金による開発について、共同企業体や地方住宅公社の子会社についての規定は定めたが、公営住宅をどうするかなどのルールを定めていない。

法律では公営住宅ストックが劇的に変化することを想定していた。深刻な荒廃状況にある公営住宅が大規模に取り壊されて家賃補助に切り替わることが予想されていた。いくつかの団地の建て替えは進み、2、3の市では大規模な住宅改善が多額の借入金により実施されたが、おそらく公営住宅の5戸の内4戸は取り壊しの対象外であり、法律で定めた手段がいくつか実施されず、まだ初期段階にある。

Ⅲ　アメリカの1990年住宅法と日本の住生活基本法の比較

アメリカの90年住宅法は、住宅に関するすべての法制度を規定している膨大な量の法律であって、基本的な事項のみを定めて、個別の事業についてはふれない日本の住生活基本法とはその性格が異なる。したがって単純に比較をすることはできないのではあるが、日本の住生活基本法の特徴を、アメリカ住宅法制度との比較から見ると次のことが指摘できる。

1　住宅政策の計画主体は基礎自治体

日本の住生活基本法では、全国の住生活基本計画が策定され、これをもとにして都道府県計画が策定されている。市町村計画については、住生活基本法の中には含まれていない。アメリカの90年住宅法は、連邦政府から住宅事業の補助金を受けたいとする基礎自治体に対して5ヵ年の住宅計画（housing strategy）を策定することを求めている。各州も住宅計画の作成することが求められているが、基礎自治体の主体性が十分に尊重され、州は所管する自治体の計画数値を合計して計画をまとめるということではなく、州としての住宅計画を独立して立

案している。各州の計画数値を合計して、アメリカ全体についての住宅計画をまとめるという発想自体がアメリカには無い。地方自治体、州政府の主体性が尊重されている。

2　アボーダビリティ、適切な住居費負担で入手可能な住宅

日本の住生活基本法には、住宅の質、住環境などについての規定があり、別紙で世帯人数に応じた住宅の面積基準が定められているが、住居費負担についての規定がない。住居費支出は、それぞれの世帯の考え方で大きく異なり、住まいを重視する世帯にとっては、家賃負担が大きくても立地の良い良質な住宅を選択するなど、選択に大きな幅があるとして、基準とするには適切ではないとして、住生活基本法の中では規定されていない。日本でも1966年からの住宅建設計画法の時代は、住宅建設5カ年計画の中に家賃負担、住居費負担は重要な要素として規定され、第4期計画までは世帯人員、所得分位ごとの詳細な家賃負担率が規定されていたが、次第にこの規定は使われなくなり、2006年の住生活基本計画では、住居費基準はまったくなくなった。

アメリカの90年住宅法では、アボーダビリティ＝適切な住居費負担で入手可能な住宅をどのように供給していくかが、住宅政策の最大の関心事であって、当時のアメリカの財政が膨大な赤字を抱えて連邦政府として大きな財政負担が不可能の中で、いかにアボーダブルな住宅を供給していくかが検討され、連邦政府、地方自治体、民間企業、非営利組織、住民の連携、パートナーシップの下での住宅事業が制度化された。良質な住宅、良好な住環境はもちろん重要な住宅政策の目標ではあるが、それが一定の住居費負担の範囲内で、可能にならなければならない。アメリカでは連邦議会で住居費負担が世帯収入の30％以上となっている世帯の住宅状況について、定期的に報告が義務付けられているなど、住居費負担については住宅政策の大きな関心事となっている。

Ⅳ　アメリカの現在の住宅政策

アメリカの現在の住宅政策は、持ち家の促進、低所得者へのアフォーダブルな賃貸住宅の供給、公正な住宅の入居機会などから大きくは構成されている。ちなみに、2006年度の住宅都市開発省の予算は285億ドルで、借家人家賃補助158億ドル、プロジェクト家賃補助51億ドル、公営住宅57億ドル、HOME事業19億ドル、ホームレス支援事業14億ドルとなっている。持ち家の促進のために伝統的には住宅ローン制度の整備が取り組まれ、FHA保険や第2次モーゲッジ市場の整備がされてきたが、近年では民間の住宅ローン保険が普及して、FHA保険のシェアは10数パーセントに下がり、政府の住宅ローン保険制度の役割が失われつつある。

1　2000年の住宅政策の対象分野

現在のアメリカの住宅法を検討するためには、アメリカ住宅政策が現在、どのような分野を重点にとりあげて展開しようとしているのかを知る必要がある。2000年10月にHUDが開催した「新しいミレニアムに向けての住宅政策」と題する会議では、19本の論文が提出され、議論が行われた。この論文を紹介することにより、アメリカの連邦政府が住宅政策をどのように展開したいと考えているのかを見たい[13]。

「ミレニアムの初めにあたっての住宅政策のガイドとなる原則」と題する第1論文では、Susan M. Wachter（HUD政策開発研究課課長補佐）などが、国の住宅政策に果たす役割について報告し、住宅政策の7つの原則として下記をあげている。
1) 住宅政策は、他の社会政策と連携しなければならない。
2) 住宅政策は過去の誤りを修正して、将来に悪影響を与えるものであってはならない。

---

(13) Susan M. Wachter & R. Leo Penne edit [2001], *Housing Policy in the New Millennium Conference Proceedins*, U.S. Department of Housing and Urban Development

3）広範な影響を持つようにするため、住宅事業は、市場に逆らわず市場と共に機能するものとするべきである。
4）家賃補助をどれだけ増やすかが住宅政策にとって最も決定的な要素である。
5）連邦政府は、最低所得世帯のための既存住宅供給事業を改善する必要がある。
6）住宅政策は、ひとつの事業ですべての問題を解消できるような性格のものではない。
7）各地域での取り組みが必要であり、低所得者向け住宅事業のパートナーとして州、地方が連携して取り組むことが求められている。

　第2論文の「住宅問題を政治的な議題として取り上げる」では、連邦政府による住宅事業が地理的にも社会的にも狭い範囲の人々にしか便益を与えていないことを反省し、新しい住宅政策について、6つの方向（① アフォーダブルな持ち家の供給、② 公平な住宅手当により住宅選択の幅を広げる、③ 所得階層の混合した住宅開発、④ 現行の住宅事業の改善、⑤ 自助努力によるコミュニティ再生、⑥ 大都市圏での住宅事業実施）を提案し、政策議論をもっと活発に行うことを提案している。

　第3論文から第5論文の3本は持ち家に関する論文である。「持ち家：住宅成功物語」では記録的に高くなった持ち家率について、経済環境や人口変化、住宅政策との関係を分析している。続いて「持ち家へのドアを開く：連邦政策の挑戦」では、持ち家率70％という国の目標を達成するためには、どのような取り組みが必要であるか検討し、これまでどのような社会階層、教育階層で持ち家率が増加しているかを調査している。「家を持つこと、その社会的影響、住宅の選択と国の住宅政策」では、アメリカでの持ち家の役割と重要性、促進するための連邦政策について述べ、住宅の維持、市民参加、子供の居住環境などの面での持ち家の社会的価値について触れると同時に、賃貸住宅が移動性を高める点ではコスト的に優れていることも指摘している。

　第6論文と第7論文は、国際的な住宅政策をテーマとして取り上げている。「開発途上国および社会主義体制転換国の不動産金融に関

する都市調査の現場から」では、不動産および住宅市場では金融システムの整備が重要であることを指摘し、低所得者向け住宅の不動産市場がビジネス分野、インフォーマル分野のいずれにとっても経済開発を進める上で重要であるとしている。「開発途上国における公民パートナーシップの実施と政策：アメリカは何を学ぶべきか」では、コスタリカやインドの事例分析から、開発途上国の住宅は逐次、建設が追加的に実施され、居住地のインフラ整備、居住権、住宅金融の住宅政策でこの点の配慮が求められ、住宅事業を成功させるためには、直接的な需要に対応した補助事業や小規模金融、低所得者向け住宅地開発が重要であるとしている。そして、このような事業方式をアメリカの低所得者向け住宅事業で活用する必要があると提案している。

「スマートな成長と住宅政策」では、伝統的な戸建住宅地にこだわらないで多様なタイプの住宅開発を進め、都心と郊外の間での政策的取り組みを進め、土地利用効率を高めて公的なコストを削減し、雇用へのアクセスの改善、生活の質の向上を図る必要があるとしている。

「貧困者の集中の排除：どんな手段で何を目的に実施するのか」では、貧困者が集中している地域の問題を取り上げ、家賃補助政策、所得階層を混合させる事業であるHOPE Ⅵ（大規模公営住宅建て替え事業）、低所得者向け住宅税控除（LIHTC）で貧困者がどの程度集住しているかを調査し、HOPE Ⅵではかなり多くの高所得層が建て替え後の団地に居住していること、低所得者向け住宅税控除（LIHTC）により開発した住宅団地では所得中位値の50％以下の低所得者が多数居住しているとしている。そしてコミュニティを活性化するためには単に所得階層の調査をするにとどまらずに、低所得者と高所得者がどのような社会的関係を結んでいるかなども調査すべきとしている。また、移動機会の付与実験事業（MTO）の調査結果についても考察がされていて、低所得者が集住する地域から他の地域に移転した世帯の社会的、経済的変化を指摘している。

「高齢者がこれまでの居住地やその近隣で健康管理を受けながら過ごせるように援助する」では、低中所得の高齢者が尊厳を持って余生

を過ごす上で公営住宅および支援住宅が果たしている重要な役割について述べ、健康管理のサービス提供に公営住宅部局が大きな役割を果たすことができるよう HUD が支援すべきであるとしている。

略奪的な住宅金融を行っているサブプライムローン問題については、3つの論文が提出されている。「サブプライムローンの急増と住宅金融に見られる人種による差別」では、アメリカ国内における1990年代のサブプライムローンの急増を明らかにし、これまで住宅ローンを利用できない人々に貸し出しが広がっていること、マイノリティの人々が高利の住宅ローンを利用していること、ローン破綻とサブプライムローンに強い関連が見られること、サブプライムローンでは略奪的な融資が行われていることを明らかにしている。

2つ目の論文「サブプライムによる抵当流れ：サブプライムローンの現場で煙を吹く拳銃」では、アトランタ、バルチモア、ボストン、シカゴの4つの都市圏を対象にサブプライムローンの提供組織と抵当流れを調査し、1993年から98年にかけてサブプライムの第2次モーゲッジ提供業者が急増し、アフリカ系住民のローン利用がとりわけ増え、近年は抵当流れが激増して、略奪的なローンを見直すべきとしている。

第3の論文「サブプライム市場の成長と略奪的な住宅ローン」では、マイノリティ居住地では大手の住宅ローン貸し出し者がどうして存在しないのか、どのように大手の住宅ローンをつけられるのか、略奪的なローン問題の深刻性とその対応策などが検討されて、消費者の識字能力の向上、有害で悪質な住宅ローン提供を禁止し、ローン利用者が高金利や高い手数料に用心深くなるべきとしている。

「家賃補助を低所得者向けの住宅政策の柱とすべきである」では、家賃補助は低所得者のニーズに対応して柔軟に補助を行うことができ、住宅政策としては最も優れていること、しかし、それは適地に住宅を見つけることができる場合であり、克服すべき課題として、家主が事業参加を躊躇すること、適切な住宅が不足していること、基準に適合した借家が少ないことなどをあげている。

第1章　アメリカの「住宅基本法」

　「住宅のアフォーダビリティ：挑戦と現実」では、現在のアフォーダブル住宅の不足は政府が住宅政策に不熱心のために生じたもので、かつての1968年住宅法の時代のように対応していたなら問題は生じなかったとしている。そして、1999年の調査から家賃負担の重い世帯の住宅問題がいっそう進行していることを示し、住宅の質や過密居住の問題をもたらしていると指摘している。

　「借家人を対象とする家賃補助の近年の改善状況」では、これまで25年間にわたって実施されてきた借家人を対象とする家賃補助（現在は、Housing Choice Voucher事業と呼ばれる）が何百万という多くの世帯に便益をもたらし、低所得者向けの政策として最大で、かつ、急増しているとしている。この2年間、事業の管理が簡便化され、最高家賃の上限の自由度が高められ、住宅選択の幅が広げられ、効率化がすすんでいるとしている。

　「アメリカの都市におけるホーム建設の現況」では、住宅都市開発省、ホームビルダー協会、市長会が協働して実施している10年間に都市部で100万戸の市場価格の住宅建設を促進する事業について述べている。この2年間の建設状況は計画を上回るペースであり、12のパイロット都市での取り組みは、効果的な政府の規制により低価格な住宅を可能にして、他の都市の参考になるとしている。

　「住宅改修とアメリカの都市」では、これまで注目されることの少なかった住宅改修事業についての調査結果を示し、改修事業が全米でニーズが高く、アフォーダブル住宅の提供に効果があり、金融や建設、歴史保存などの観点で郊外部よりも都心部の改善で困難が多いとしている。困難を克服して改善を進めるにはコミュニティ開発一括補助金（CDBG）や低所得者向け税控除（LIHTC）を利用すべきとしている。

　この会議では結論として、持ち家率は向上しているが、低所得者の住宅問題は一層深刻化していると認識し、税制を用いた持ち家率の向上を図り、低所得者向けの家賃補助や新たな対策をとって、すべての人々が適切で、安全な、アフォーダブル住宅に住めるようにすべきとしている。

2 サブプライムローン問題

　持ち家の促進のために現在重点的に取り組まれているのは、低所得者が持ち家を取得できるように頭金を補助する施策と住宅ローンの返済額の負担を軽減するためのバウチャー制度である。これらの施策によって持ち家率の向上を図ってきているが、低所得者に無理をして持ち家を持たすことはリスクを伴う。

　サブプライムローン（subprime lending、信用度の低い債務者向けのローン）は、ローン返済にこれまで問題があった、一般的には低所得者に住宅ローンを提供するもので、当初5年間は7～8％の利子が、その後は12～13％に上昇して返済額が大きくなる制度である。経済成長が続き、賃金上昇が見込める時期にあっては機能したが、景気が減速すると返済が困難となる。抵当となっている住宅価格が下落すると、住宅ローン債券価格を維持できなくなって信用不安をもたらす。アメリカの住宅ローンはノンリコースファイナンスのために、担保となっている住宅を差し出すことで債務は終了して、債務者にはそれ以上の返済義務が生じないが、住宅ローンの貸し出しをしていた債権者に、住宅価格が債券価格よりも低下した場合には損失が生じる。これらの不動産担保債権（モーゲッジ）がパッケージ化されて市場に流通しているが、元本価値を下回ったためにサブプライムローン問題が発生した。

　アメリカの住宅価格は、近年急速に上昇してきた。2004年には11.8％、2005年には13.1％も住宅価格は上昇した。とりわけ人気の高いカルフォルニア州では2004年20.9％、2005年19.6％もの価格上昇があった。しかし、住宅価格は2005年をピークとしてマイナスに転じ、地域経済が悪化している南部のミシシッピ州、オハイオ州等では下落率がとりわけ大きくなっている。

　住宅価格の上昇に伴って住宅着工戸数も増加してきていた。2000年は160万戸程度であったのが2005年には220万戸になり、建設戸数のピークとなった。住宅ローン残高も急増し、2006年の一戸建て

第1章　アメリカの「住宅基本法」

等（1〜4家族向け住宅）の住宅モーゲッジ残高は10.2兆ドル、集合住宅（多家族向け）の住宅モーゲッジ残高0.7兆ドル、合計で10.9兆ドルとなった。この住宅ローン債権のうち、15％がサブプライムローンである。このサブプライムローンのうちで破綻が生じているのは10〜20％と言われていた。IMFは2007年9月にはサブプライムローンによる損失は最大20兆円程度と予測していたのであるが、2008年4月になって損失額は最大で96兆円あまりになると修正をした[14]。米国のGDPは1,200兆円程度の経済規模であり、バブル崩壊により日本（GDPは約500兆円）が1990年代に100兆円あまりの不良債権の処理をした時の深刻さと比較すると、経済的な影響はまだ小さいようには思われるが、アメリカ政府の本格的な介入が必要な状況になっている。

　アメリカ政府は、2008年4月に連邦住宅局（FHA）の債務保証枠を拡大して、低利ローンへの借り換えを促進することにして、これまですでに15万人の借り換えを支援してきたが、追加策により2008年末までに50万人を救済することにした。貸し手の金融機関が元本の一部を放棄し、低金利のローンに借り換え、FHAが債務保証をする。変動金利のサブプライムローンは今後2年で180万人のローン金利が上昇する見込みで、この対策により住宅差し押さえの急増を防ぐことにした[15]。

　サブプライム問題は2000年の時点で低所得者の蓄えをすべて奪い取る略奪的なローンであるとの指摘がありながら、これらを金融証券に組み入れて高利の得られる投資物件として流通させたのは住宅政策、金融政策の失敗であり、リスクの大きいものの高金利を求めた投資家が自己責任として損失を負担するのは当然のことのようにも思われる。住宅政策の第1の目標に持ち家率の向上を掲げて、数値目標として7割を超える持ち家率の向上をはかったところに無理を感じる。低所得者に対しては、無理をして持ち家取得を目指すよりは、経済的負担の

---
(14)　読売新聞、2008年4月9日
(15)　読売新聞、2008年4月10日

軽い賃貸住宅を供給する責任が国や州、地方自治体にあったと思われる。

3 おわりに

筆者は2007年3月にアメリカを数年ぶりに訪問して、ニューヨーク、ボストン、シカゴの公営住宅建て替え事業（HOPE VI）の地区を中心に2週間ほど調査した。HOPE VI事業は2006年9月末で予算措置としては終了しているが、それまでにつけられた予算を消化するための建設工事が継続していた。建て替え後の団地はいずれも斬新なデザインの低層住宅地で、従前の公営住宅居住者がこの中に一部は住んでいるとは、到底、思えないデラックスな住宅開発であった。

隣接して破壊行為（バンダリズム）などで荒廃している高層住宅が取り残されている団地もあったが、タウンハウスや低中層住宅の集合住宅として建て替えられた団地は、高額所得者向けの住宅のように感じられた。完成したばかりの団地では市場家賃住宅の入居者募集のために、モデル住宅を兼ねたセールス・オフィスが設置されていて、民間不動産会社から派遣された洗練された営業マンが、豪華なカラー刷りのパンフレットを配布して、愛想よく居住希望者に住宅内部を案内しながら説明をしていた。少なくとも外観はこの立派な住宅と同様な住宅に、従前の公営住宅居住者が少数とはいえ住んでいるということだが、調整後所得の30％の家賃負担で住める人は幸運であり、あまりにも厚遇されているとの批判がないのであろうか。

誰もが住みたがらないような荒廃した公営住宅が、大量の公的資金、民間資金を投入して高級な住宅団地に一変したことは、不動産開発事業としては成功と見るのかもしれない。しかし、経済的には繁栄してりっぱな店舗が立ち並んでいるシカゴやボストンの路上で、小銭をめぐんでほしいと立っている貧しい身なりの老若男女のホームレスを見るにつけ、住宅政策として、本来は他にすべきことがあるのではないかとの疑問を感じた。

ニューヨークの路上では数年前と比べてほとんどホームレスの姿を

見かけなかったが、これは、マンハッタンではホームレスが路上などにいることが禁止され、また、ホームレス対策事業が民間非営利組織などにより進められているためである。アメリカの経済の好況、住宅価格の上昇により一般的には住宅事情は好転しているが、サブプライムローン問題の深刻化に見られるように経済衰退地域では住宅価格の低下がはじまり、ホームレスが増加している。住宅ローンが払えずに差し押さえられた家を立ち退き、家族が離散している事例もある[16]。

　アメリカのこれまでの大規模な公営住宅団地は、低所得者が集中して居住し、殺人事件や麻薬など犯罪が多発して社会問題が集中、維持管理費が不十分なために建物環境も悪く、空き家が大量に発生している団地が多かった。このため公営住宅に対する批判が高まり、1980年代以降は新規建設が抑制されて、住宅予算の重点は、民間借家に居住する低所得者に対する家賃補助にシフトしてきている。ヨーロッパ諸国でも住宅予算の重点は住宅手当、家賃補助となり、低所得者向けの公的ないしは民間非営利組織による賃貸住宅（社会賃貸住宅）は住宅ストックの10～20％程度となって全体として減少傾向にあったが、2000年以降、イギリスやフランスでは見直しがされている。しかし、アメリカでは住宅ストックの1％あまり、120万戸程度のきわめてわずかの公営住宅しか存在せず、縮小傾向が続いている。HOPE Ⅵ事業に代わる次の対策としてどのような政策を打ち出してくるのか、今後のアメリカの住宅政策の展開に注目したい。

---

(16)　朝日新聞、2008年1月31日

米国 1990 年住宅法

Public Law 101-625 Nov. 28, 1990（抄訳）

　新しい HOME 投資パートナーシップ事業や全国持ち家信託事業、HOPE 事業を新設し、住宅やコミュニティ、近隣の保全に関連する法律の改正及び拡張等を行う。

SEC. 1.　短いタイトル

　この法律は、「Cranston-Gonzalez National Affordable Housing Act」と称する。

Title I　一般規定と法律

SEC. 101.　国の住宅の目標

　連邦議会は、国の目標がすべてのアメリカ人の家庭が適切な居住環境にある適切な住宅を入手できるようにすることであることを確認する。

SEC. 102.　国の住宅政策の目的

　国の住宅政策の目的は、長期にわたり確立してきた国の約束である、適切で安全かつ衛生的な住宅をすべてのアメリカ人が確保できるようにするために、公共と民間の組織による全国的な協力関係を次のように強化する。

(1)　アメリカのすべての居住者が適切な住まいに入居することができ、ホームレスにならないように支援する。

(2)　低中所得の世帯が入手でき、就業の機会を得ることのできる適切な住宅供給を全国で増やす。

(3)　アメリカのすべての居住者、とりわけ不利な立場にあるマイノリティの人々に、差別をしないで住宅の機会を改善する。

(4)　近隣の安全と暮らしやすさを作り出すのを支援する。

(5) 持ち家の機会を増やす。
(6) すべてのアメリカのコミュニティで可能な限り低金利で信頼できる容易に利用できる抵当融資を提供する。
(7) 連邦による支援住宅や公営住宅の借家人の能力を高め、世代にまたがる貧困を削減し、自律性を高める。

SEC. 103. この法律の目的、意図

この法律の目的、意図は次のようになっている。

(1) 持ち家を所有していない世帯が住宅購入するための頭金を貯金できるように支援する。
(2) どこの地域においても低所得世帯が連邦支援により供給された住宅に住むことができるようにする。
(3) 低中所得世帯が入手できる住宅の供給及び管理のために、政府及び民間セクター、企業、非営利組織を含むすべてのレベルで、協調関係を広げ、強化する。
(4) 極めて低所得な世帯向けの連邦の借家人支援を拡大し、改善する。
(5) 特別のニーズのある人々が人間としての尊厳と自律性をもって生活することのできるように建築的な対応とサービス提供を行う、支援つきの住宅の供給を増やす。

SEC. 104. 定 義

この法律のタイトルⅠ、Ⅱで次のように定義する。

(1)-(4) 略
(5) 「非営利組織」とは、民間の非営利組織で、州及び地方政府の公認の非営利組織を含む次の組織を言う。
  (A) 州及び地方政府の法に基づく組織
  (B) 純利益をメンバーや基金の設立者や支援者等の個人に配分しない組織
  (C) 長官に対して財政状況についての説明責任の基準を遵守している組織
  (D) 主要な目的が、低中所得者向けの適切な住宅供給に関係している組織

(6) 「コミュニティ住宅開発組織」とは、上記により定義された非営利組織であり、次の組織を言う。
   (A) 組織の目的の中に、低中所得者向けの適切な住宅供給を掲げている組織
   (B) 組織を統治する理事会の規約ないしは説明書の中で、低所得者コミュニティの住民に便益を与えるべく、アフォーダブル住宅の計画や敷地提供、開発、管理をするとしている組織
   (C) この法律の下で支援される活動を実行する能力を有している組織
   (D) 地域コミュニティやこの法律の下で支援される住宅の予定されているコミュニティ内で支援活動の経験のある組織
(7)(8) 略
(9) 「極めて低所得な世帯」とは、その地域の所得の中位値の50％未満の低所得世帯であり、家族数の大小、地域の建設費や市場家賃などにより長官の規定する基準により調整する。
(10) 「低所得な世帯」とは、その地域の所得の中位値の80％未満の低所得世帯であり、家族数の大小、地域の建設費や市場家賃などにより長官の規定する基準により調整する。
(11)–(16) 略
(17) 「大規模修復」とは1戸当たりの住宅改修費用が2万5千ドルを超えるもの
(18)–(21) 略

SEC. 105. 州及び地方政府の住宅戦略

(a) 総　則　長官は次の場合に直接補助を地方政府に対して行う。
   (1) 地方政府が総合的住宅アフォーダビィティ戦略（以下、住宅戦略とする）を長官に提出し
   (2) その住宅戦略を毎年、改定して提出し
   (3) その住宅戦略と改訂版が長官に承認された場合
      長官は、書類の提出を受けて、住宅戦略で必要とされる資金を、この法律のタイトルⅡなどによるタイムリーな投資として、ある

第1章　アメリカの「住宅基本法」

いは、通常の住宅事業の管理費用として補助するか決定する。
(b)　内　容　提出する住宅戦略は、長官が決定する次の様式により提出しなければならない。
　(1)　管轄内の今後5年間の住宅需要について記述し、極めて低所得な世帯、低所得な世帯、中所得な世帯向けの支援住宅の住宅需要を推計し、これらを住宅所有形態、入居者の所得階層、高齢者や一人世帯、大規模世帯、居住地域、経済的独立事業などの類型ごとに集計して、長官の承認を得るようにする。
　(2)　管轄内のホームレスの状況、人数などの広がりについて記述し、これからホームレスになりそうな人など様々なタイプごとの特別の支援が必要なホームレスの人数をまとめ、(A) 低所得者世帯がホームレスにならないようにする、(B) ホームレスのために緊急シェルターと中間入居住宅などの施設とサービス、(C) ホームレスの人が恒久的な住宅に移行するための支援、などの対応策を記述する。
　(3)　管轄内の住宅市場の特徴、これらが家賃補助や新築、古い住宅の改修、既存住宅の取得などの資金にどのような影響があるかを記述する。
　(4)　住宅のコストないしはアフォーダブル住宅を開発、維持、改良の施策、地方自治体の政策に影響を受け、土地や固定資産などの税制、土地利用規制、地域地区制度、建築基準、使用料や課金、成長管理、住宅投資に対する利益、負の影響を除去したり改善するとする地方自治体の政策などについて説明する。
　(5) - (15)　略
　長官は略して書かれた住宅戦略に対して、この法律のタイトルⅡのもとでの事業に参加することを提案することができる。そのような短縮して書かれた住宅戦略でも長官はそれぞれのタイプに応じた支援額を承認することができる。
(c)　承　認
　(1)　一般的には、長官は住宅戦略を受領した後、60日以内に、

(A) 法の目的に適合しているか、(B)情報がきちんと記述されているかをレビューして、承認する。

(2) 不承認となる場合、長官は速やかに伝え、15日以内に書面により、(A) 不承認の理由、(B) どのように修正すれば良いのかを知らせる。

(3) 長官は、不承認後、45日以内に提出された修正された住宅戦略を受領することができ、また、住宅戦略の再提出を受領することができ、この場合、受領後30日以内にこれを承認するか否かを決定しなければならない。

(d) 州及び地方政府の住宅戦略の調整　長官は州とその管轄内の地方自治体が調整を図れるように必要な事項を定めるが、地方自治体の住宅戸数については住宅戦略の要素として州による承認を必要とするものとはしない。

(e) 社会サービス組織との協議　この規定のもとで住宅戦略を作成する際に、子供や高齢者、障害者、ホームレスなどの住宅ニーズについて適当な社会サービス組織と協議を行うことが好ましい。

(f) 障害の除去　アフォーダブル住宅の障害の規則に関する長官へのアドバイザリー委員会が最終報告書を完成してから遅くても4ヶ月以内には、連邦、州、地方政府が(1)住宅、とりわけ低中所得者の住宅を建設、改修、管理するための費用を増大することになり、(2)経済的、人種的な差別をもたらすことになる、過大な、重複する、不必要な措置を除去ないしは緩和するための規制と事務的処理について、議会に対して長官が推奨する報告書を提出しなければならない。

SEC. 106.　認　可

長官は、提案された住宅施策がサービス対象の管轄地域の住宅戦略として構成されているところの州及び地方政府の職員とともに、規則により適正と思われる場合は、この法律のタイトルⅡ、1974年住宅都市開発法、スチュワート・マッキニーホームレス法による住宅の支援を要求することができる。

第1章　アメリカの「住宅基本法」

SEC. 107.　市民参加
(a)　総　則　このセクションに基づく住宅戦略が提出される前に、所管区域において
　(1)　市民や公的組織、関心を持つグループなどに対し、所管地域がどの程度の支援額を得ることになるか、投資額の範囲、支援の利用方法などの情報を伝える。
　(2)　提案している住宅戦略を長官の指定する方法で出版して、影響のある市民や公的組織、関心を持つグループなどに与え、関心のある事項について調べ、提案されている住宅戦略についてのコメントができるようにする。
　(3)　一回以上の公聴会を開催して、所管地域の住宅ニーズについて市民や公的組織、関心を持つグループなどの意見を聞く。
　(4)　その所管地域が5カ年間の間に支援をどのように使ったかの記録について、市民や公的組織、関心を持つグループなどがきちんとアクセスできるようにする。
(b)　注意とコメント　実施報告書を提出する前に、ないしは、このセクションに基づいて大幅な改正をする前に、市民に対してきちんと注意を与え、コメントをつけられるようにする。
(c)　コメントについての配慮　管轄の自治体は、最終的な住宅戦略の準備ないしは住宅戦略の修正、実施状況についての報告書を提出するにあたり、市民のコメントや見解について配慮をすること。そのようなコメントや見解についての要約を住宅戦略やその修正、実施状況報告書を作成する際には添付すること。住宅戦略やその修正、実施状況報告書の提出にあたっては、公表できるようにすること。
(d)　規　約　長官は規約に基づいて適切に手続きを定め、実際的な方法で公正なヒヤリングを行い、タイムリーに市民の住宅戦略および実施状況報告書についての不満に対して解決策を示すこと。

SEC. 108.　法令順守
(a)　実施状況報告書
　(1)　総　則　市民や公的組織、関心を持つグループなどに対し、所

管地域がどの程度の支援額を得ることになるか、投資額の範囲、支援の利用方法などの情報を伝える。
 (2)　提　出　長官は(A) このサブセクションに基づくレポートの提出時期を定め、(B) そのレポートをレビューし、この法律の趣旨に沿って適切に実行されるように勧告を行う。
 (3)　レポートの失敗　地方自治体が適切な時期に長官の満足するレポートを提出することができない場合、この法律のタイトルⅡに基づく支援や、セクション 106 の事業の支援は、(A) 長官が満足するレポートが提出されるまで保留され、(B) 警告が行われヒヤリングが行われた後で、満足できるレポートが提出されないときには、支援は引き上げられ、再配分される。
(b)　長官による実施状況のレビュー
 (1)　総　則　長官は少なくとも年1回は、セクション 105 に基づく住宅戦略の提出についてレビューを行う。そのレビューは、実践的なものであって、HUD 職員による現地調査を含み、地方自治体が行った下記内容の評価を含むものとする。
  (A)　長官の管轄する事業の資金についての管理状況、
  (B)　住宅戦略の法令順守
  (C)　実施状況レポートの正確度
  (D)　長官の管轄する事業の住宅支援を契約同意事項および法律の規定に基づいて実施してきた努力
 (2)　長官のレポート　長官は実施状況のレビュー結果について文書により報告をおこなう。長官はレポートを受領して 30 日以内に、レビューとコメントを出す。この報告に対する地方自治体からのコメントを熟考して、長官はレポートを改訂し、地方自治体にコメントを伝え、地方自治体からのコメントを受領後 30 日以内に公表する。
(c)　法廷によるレビュー　セクション 105(b)(4)の下で提出された情報が適当なものであるかについては、連邦、州、その他の法廷でのレビューをすることができない。住宅戦略についての連邦、州、そ

第1章　アメリカの「住宅基本法」

の他の法廷でのレビューは、開発のプロセスと戦略の内容がこの法律の規定に著しくふさわしいものになっていないかどうかという点だけに限定される。住宅戦略について適切かどうかの係争中ないしは長官がその戦略の承認作業中は、法廷は、承認された住宅戦略を地方自治体が実行するように命じることはできない。そのような係争中には、どのような住宅の支援についても法廷は扱うことができない。

SEC. 109.　エネルギー効率の基準

HUDの長官は、この法律の施行後1年以内に、住宅法の下での抵当債券の対象となる公営住宅及び支援住宅、戸建住宅、集合住宅（工場生産住宅を除く）のエネルギー効率基準を公布すること。その基準は、アメリカ建物委員会の最新のエネルギーモデル基準に適合または上回るものであり、建設及び経常コスト効率のよいものあること。そのような基準を開発することにより、長官はホームビルダー、国、州、地方の住宅組織（公営住宅組織を含む）、エネルギー組織、建築基準に関する組織、エネルギー効率組織、設備関連組織、低所得者向け住宅組織、その他の長官の指定する団体から構成されるアドバイザー特別委員より助言を求めること。

SEC. 110.　能力開発

(a)　総　則　長官は、HUDがその使命と責任を果たし、この法律の条項が実施できるように、また、省が集合住宅抵当保険を実施できるように、人員及び研修事業など、適切な能力と資源を確保できるようにすること。

(b)　レポート　この法律の施行後60日以内に、その後は毎年、長官は上院の銀行・住宅・都市問題委員会および下院の銀行・金融・都市問題委員会に、そのような能力を維持するための、長官が適切と判断する制度的、事務的な行動についての勧告及び計画について、詳細に作成し、提出すること。

SEC. 111.　州および地方自治体の保護

このタイトルやタイトルⅡの措置があるにもかかわらず、長官は所

居住福祉研究叢書　第 4 巻

管するプログラムの資金を地方自治体が正規の手続きで、かつ、連邦の法律に違反しない、どのような公的政策、規制、条例を定めたからといって、適用、継続、停止配分または拒否をする基準を設けることはない。

タイトルⅡ以下は項目名のみ紹介[17]

Ⅱ　アフォーダブル・ハウジングへの投資

201　短い呼称：HOME インベストメント・パートナーシップ法
202　調査結果
203　目的
204　住宅戦略への連邦政府の援助の調整
205　予算承認
206　通告

A　ホーム・インベストメント・パートナーシップ
211　承認
212　投資の可能な使用
213　モデル事業の開発
214　所得対象
215　アフォーダブル・ハウジングとしての条件
216　州および地方自治体による参加
217　資源の配分
218　ホーム・インベストメント・トラスト・ファンド
219　投資の返済
220　マッチング要求
221　民間―公共パートナーシップ
222　補助の配分
223　資金の誤用の罰則

---

[17]　上野真城子、海老塚良吉『アメリカの州及び地方住宅政策に関する研究』1992 年より

第1章 アメリカの「住宅基本法」

224 裁判所命令下の管轄体の制限
225 借家人と参加者の保護
226 執行のモニタリング

B コミュニティ・ハウジング・パートナーシップ
231 コミュニティ住宅開発組織のための保留
232 コミュニティ住宅開発組織への事業特別補助
233 住宅教育と組織への援助
234 その他の条件

C 州と地方自治体の住宅戦略に対する他の援助
241 権限
242 能力開発の優先
243 契約条件
244 住宅のアフォーダビリティに関する調査
245 REACH－資産再利用情報公布

D 特別モデル事業
251 一般権限
252 賃貸住宅建設
253 賃貸住宅修復
254 修復貸付
255 スウェット・イクイティー（労働提供自助）モデル事業
256 高齢者と障害者のための住宅修理サービス補助金
257 低所得層用住宅保全と効率補助事業
258 住宅初購入者のための第2次モーゲッジ補助
259 州と地方自治体のインレム物件の修復

E モーゲッジ信用強化
271 信用強化についての報告

F 一般条項
281 機会均等
282 否差別

283 各年会計監査
284 一定記録保持と議会報告
285 市民参加
286 労働
287 州間合意
288 環境検討
289 既存住宅事業の終結

Ⅲ 持ち家

A ナショナル・ホームオーナーシップ・トラスト・デモンストレーション

301 短い呼称：ナショナル・ホームオーナーシップ・トラスト法
302 ナショナル・ホームオーナーシップ・トラスト
303 住宅初購入者への援助
304 ナショナル・ホームオーナーシップ・トラスト・ファンド
305 定義
306 規制
307 報告
308 予算承認
309 返還
310 解約

B FHAと第2次モーゲッジ市場

321 FHA保証権限の限界
322 査定サービス
323 モーゲッジ限度の増加
324 抵当権設定者の所有権
325 モーゲッジ保証掛け金
326 セカンドハウスでの限定
327 義務不履行モーゲッジ設定者のためのモーゲッジカウンセリング
328 手続きの委任
329 モーゲッジ前払いの利子支払い期日に関する明示
330 モーゲッジ貸付者の義務

331 ミューチュアルモーゲッジ保証基金の配分
332 ミューチュアルモーゲッジ保証基金の保険統計の堅実性
333 バージンアイランドの資産のモーゲッジ保証
334 住宅資産改修モーゲッジ保証実験事業
335 FHA保証貸付けの早期債務不履行に関する情報
336 多家族用集合住宅モーゲッジの競売
337 資産処分に関する規則の否認
338 抵当流れ物件に関する報告
339 モーゲッジ付き証券のGNMA保証の限度
340 資産改善貸付保証のための貸付限度の増加

C 有効期日
351 有効期日

Ⅳ すべての人々に持ち家の機会を与える事業

401 短い呼称：HOPEによる持ち家の機会法

A 公営住宅とインディアン住宅の持ち家のためのHOPE
411 公営住宅とインディアン住宅の持ち家のためのHOPE
412 公営住宅の取り壊しと処分に関するセクション8に関連する改正
413 セクション8に関連する改正
414 関連するCIAP改正
415 セクション20住民経営財政補助についての限度
416 セクション21持ち家事業の延期と技術的その他の補助の条項
417 セクション5（h）の改正
418 実施
419 インディアン公営住宅への適用

B 多家族用集合住宅における持ち家所有のためのHOPE
421 事業権限
422 計画補助金
423 実施補助金
424 持ち家事業の条件

- 425 他の事業条件
- 426 定義
- 427 除外
- 428 選定基準の限度
- 429 全国住宅法の修正
- 430 実施
- 431 年次報告

C 戸建住宅の住宅所有のためのHOPE
- 441 事業権限
- 442 計画補助金
- 443 実施補助金
- 444 持ち家事業条件
- 445 他の事業条件
- 446 定義
- 447 選定基準の限度
- 448 実施

V 住宅補助

A 公営住宅とインディアン住宅
- 501 優先入居規則
- 502 公営住宅経営の改革
- 503 退去と解約手続き
- 504 公営住宅における借用権を解除する賃貸借条件
- 505 犯罪行為のための立ち退きに関する郵便局への告知
- 506 里子教育のための公営住宅補助
- 507 公営住宅運営補助
- 508 実施状況による財政のもとでの冷房度数日数調整
- 509 近代化資金融資の配分方式
- 510 公営住宅における空き家の削減
- 511 公営住宅の所得条件
- 512 散在する公営住宅の処分
- 513 置き換え住宅

第 1 章　アメリカの「住宅基本法」

514　公営住宅住民の運営
515　公営住宅ファミリー・インベストメント・センター
516　総合改善援助のためのインディアン・ミューチュアル・ヘルプ・ハウジングの資格
517　公営住宅早期児童開発基金
518　インディアン公営住宅早期児童開発実験事業
519　警察官のための公営住宅家賃差し控え
520　公営住宅青少年スポーツ・プログラム
521　公営住宅1ヶ所産科サービス実験事業
522　公営住宅混合所得新コミュニティ戦略実験事業
523　エネルギー効率実験事業
524　公営住宅資金システムに関する研究
525　公営住宅のための将来の支払いシステムの研究
526　公営住宅開発における代替方法のGAO研究
527　適用

B　低所得層家賃補助
541　資格保証とバウチャー事業
542　麻薬関連家賃調整
543　賃貸ベースの資格保証の下での借家人家賃負担
544　削除
545　優先入居資格
546　借家人保護
547　事業ベースの資格保証事業の改定
548　PHA所有の住宅のためのセクション8補助
549　参加行政区と犯罪行為についての定義
550　バウチャー事業の改正
551　資格保証とバウチャーの通用
552　契約切れの更新
553　家族一体化促進のための補助
554　家族セルフサフィシェンシー
555　新建設住戸の賃貸のための所得条件
556　セクション8資格保証の配分
557　ある特定のセクション8補助に関する裁定承認

558　公正市場家賃算定に関する GAO 研究
559　セクション 8 利用率に関する研究
560　セクション 8 とセクション 202 における残余領収口座報告
561　バウチャー事業へのインディアン族資格に関するフィージビリティ・スタディ

C　一般条項と他の補助事業

571　低所得住宅の認可
572　低所得の用語
573　1937 年米国住宅法の下での定義
574　家族構成と人員を決める際の里子の影響
575　住宅開発補助建設始業条件からの免除
576　住宅補助計画の開発での里子に関する協議
577　住宅カウンセリング
578　フレキシブル住宅事業
579　非補助多世帯住宅事業のための合理的物件処分要求事項
580　多世帯用住宅処分パートナーシップ
581　公営住宅と補助住宅の麻薬排除
582　民間ノンプロフィットの主導性の研究
583　資本評価研究の延期

Ⅵ　アフォーダブル賃貸住宅の保全

A　全国住宅法のもとのモーゲッジ保証の前納

601　モーゲッジの前納
602　関連する全国住宅法の改正
603　関連する 1937 年全国住宅法の改正
604　移行措置
605　施行期日

B　その他の保全条項

611　セクション 236 家賃補助
612　政府補助住宅の経営と保全
613　州のモーゲッジプログラムの下での前納を防ぐための補助

第 1 章　アメリカの「住宅基本法」

Ⅶ　地方農山村住宅

701　事業権限
702　家族構成と人員の決定における里子の影響
703　エスクロー算定
704　遠隔僻地
705　セクション 502 繰り延べモーゲッジ実験事業
706　地方住宅貸付保証
707　抵当流れ手続き
708　インディアン・トラスト・ファンドの利子の処分
709　サービス未整備地域の住宅
710　地方住宅のストック
711　上訴権
712　セクション 515 貸付
713　地方賃貸住宅基金の保留
714　地方のホームレスと農村季節労働者のための住宅
715　地方地域分類
716　家賃過剰負担を減ずるための補助
717　住宅保全補助金
718　政府機関内の住宅部分の承認の互換性
719　地方住宅技術改定

Ⅷ　特別なニーズをもつ人々のための住宅

A　高齢者のためのサポーティブ・ハウジング

801　サポーティブ・ハウジング
802　コングリゲート・ハウジング・サービス事業の改定
803　高齢者の自立のための HOPE
804　セクション 202 住宅のためにレゾルーション・トラスト法人の物件の使用
805　セクション 202 住宅のための集中した申請
806　高齢者小住宅
807　拒否の知らせ
808　セクション 202 事業の適用事業費用としてのサービス・コーディネー

49

居住福祉研究叢書　第 4 巻

　　ター

B　障害者のためのサポーティブ・ハウジング
811　障害を持つ人々のためのサポーティブ・ハウジング

C　ホームレスのためのサポーティブ・ハウジング
　1　マッキニー法の改定
821　マッキニー法の修正
822　「ホームレスの人」の定義
823　移行規定
824　適合修正
825　不適切な移行施設の排除のための戦略

　2　現行事業の修正
831　総合ホームレス補助計画
832　緊急避難シェルター補助事業
833　サポーティブ・ハウジング実験事業
834　ホームレス補助施設のための補足補助
835　シングル・ルーム・オキュパンシー（SRO）のためのセクション 8 補助
836　住宅アフォーダビリティ戦略
837　シェルターに加えての世話

　3　施行期日
841　施行期日

D　エイズを持つ人のための住宅機会
851　短いタイトル：エイズ住宅機会法
852　目的
853　定義
854　一般権限
855　可能な活動
856　受取者の責務
857　エイズ住宅情報と調整サービスのための補助金

858 エイズ短期援助住宅とサービス
859 短期賃貸補助
860 シングル・ルーム・オキュパンシー（SRO）住戸
861 コミュニティ・レジデンスとサービスのための補助金
862 報告
863 予算承認

Ⅸ　コミュニティ開発とその他事業

A　コミュニティと近隣住宅地区の開発と保全

901 コミュニティ開発予算承認
902 コミュニティ開発一括補助金補助対象
903 コミュニティ開発の市と郡の区分
904 併合の場合の配分方式
905 住宅アフォーダビリティ戦略必要条件
906 非暴力公民権デモンストレーションを行使する個人の保護
907 コミュニティ開発一括補助金適用活動
908 パブリック・サービス
909 回転貸付基金への一括支払いをそろえる権限
910 コミュニティ開発貸付保証
911 ハワイアン・ホーム・ランド
912 コミュニティ開発一括補助金事業下での宗教による差別の禁止
913 インディアン族のためのコミュニティ開発一括補助金に関する技術的修正
914 アーバン・ホームステッディング
915 近隣地区開発実験事業
916 米国—メキシコ境界地域のコミュニティ開発一括補助金援助
917 ネイバーフッド・リインベストメント・コーポレーション
918 都市更新土地処分収益とその他のコミュニティ開発と公的施設基金の利用
919 就業の場に近い住宅の可能性に関する研究
920 1974年住宅コミュニティ開発法タイトルの下での資金配分
921 麻薬ゾーンから機会ゾーンへの転換に関する研究
922 コミュニティ開発計画

居住福祉研究叢書　第 4 巻

B　災害救済

931　セクション 8 資格保証とバウチャー
932　中規模の修復
933　コミュニティ開発
934　地方住宅

C　規定事業

941　モーゲッジ・サービシング移転明細
942　モーゲッジ・エスクロー勘定
943　工場生産住宅への国の関与
944　エネルギー査定報告
945　5 ヵ年エネルギー効率計画
946　エネルギー効率のための一律モーゲッジ融資計画
947　地震安全物件基準の報告

D　その他の事業

951　HUD の研究開発
952　ナショナル・インスティチュート・オブ・ビルディング・サイエンス
953　公平住宅イニシャティブ事業
954　HUD の事業にかかわるデータの収集と保持
955　デービス-ベーコン法の住宅事業でのボランティア条件からの免除
956　住宅初購入者事業での資格条件
957　雇用の結果に起因する家賃上昇の年間最大限度
958　HUD 事業下のハワイアン・ホームランドのハワイ人のための優先規定
959　インディアン住宅事業でのマッチング資金要件の保留
960　住宅の年金基金有志の研究
961　エネルギー効率実験事業

X　促進資金の可能性

1001　促進資金可能性法の修正

第2章　フランス　住宅人権法・DALO法

I　はじめに

　フランスで2007年3月に制定されたもっとも新しい居住権保護立法である「請求可能な住宅への権利を定め、社会の統合のための様々な措置に関する2007年3月5日の法律第2007-290号 Loi n° 2007-290 du 5 mars 2007 instituant le droit au logement opposable et portant diverses mesures en faveur de la cohésion sociale: loi DALO（以下、「DALO法」と略）[1]」は、日本でも大きな注目を浴びた。

　その理由は、一つには住宅困窮者が国に対して住宅供給を請求することを法律上可能であるとしたDALO法の内容である。もう一つには、この法律の制定に到達するそもそものきっかけが、ホームレス支援団体による抗議行動だったことである。すなわち「ドン・キホーテの子供たち Les Enfants de Donquichotte[2]」は、2006年12月にパリ市内北東部のサン＝マルタン運河の沿岸に赤いテントを並べて、野宿生活者の住宅要求キャンペーンを張るとともに、この問題に関心を持つ人々に向けて野宿生活の体験を誘うなど世論の喚起を図った[3]。フランスでは、翌2007年に大統領選挙を控えていたために、主要政党はいずれもこの住宅困窮問題への対策を打ち出した。政府からの提案が、本章で分析の対象とするDALO法となった。

　本章では、1．DALO法に至るまでのフランスにおける居住権の

---

[1]　Journal Officiel de la République Française (J. O.); Lois et Décrets, le 7 mars 2007, texte 4 sur 19
[2]　この団体については、次のURLのウェッブ・サイトを参照。
　　www.lesenfantsdedonquichotte.com
[3]　ほぼ同じ時期に、日本では大阪市が世界陸上競技選手権の会場である長居公園で野宿者を排除したことと対比された。

法制化の歴史、2．DALO 法制定の背景、3．DALO 法の主要な内容の順で検討を進める。

1 居住権保障法制化の歴史

フランスにおいて、居住の保障を権利として法制化した歴史は長い。本節に置いては、DALO 法を検討する前史として第 2 次大戦後の居住権立法の展開を、(1) 1946 年憲法、(2) 1980 年代の立法、(3) 1990 年代の立法と、3 つの段階に分けて分析することとしたい。

(1) 1946 年憲法前文

フランスは、第 2 次大戦に勝利した翌 1946 年 10 月 27 日に新たな憲法を定めた。これが第 4 共和制憲法である。その後、1958 年に現行憲法が制定されるが、第 4 共和制憲法のうち、社会経済的基本的人権を定めた前文 Préambule は、1789 年の人権宣言とともに、現行の第 5 共和制憲法前文に引用され、現在でも法的効力を有している。

第 4 共和制憲法前文は次のように言う。すなわち、「自由な人民によって、人間を奴隷とし卑しめようとした体制に対してもたらされた勝利の直後に、フランス人民は、人種、宗教、信条の別なく、すべての人は譲渡することができず不可侵の権利を有することを、改めて宣言する。1789 年の人権宣言によって認められた、人間と市民の権利と自由を正式に再確認する」(1 項)。そして、その第 10 項に「国は、個人と家族に対して、その成長に必要な条件を保障する」と定める。この条文は、住宅に該当する文言は具体的に用いられていないが、保障する対象として住宅が含まれていると解されている。

具体的には、憲法院 Conseil constitutionnel は、住居の多様性に関する法律 1995 年 1 月 21 日の法律第 95-74 号 Loi n° 95-74 du 21 janvier 1995 relative à la diversité de l'habitat[4]の憲法適合性を判定するにあたり、この第 4 共和制憲法前文第 10 項を根拠のひとつとし

---

(4) J. O., Lois et décrets, le 24 janvier 1995, p. 1263 et s.

た(5)。

　この後 1948 年に、民間賃貸住宅の賃借人保護のために一定の賃借人には借家契約の期間終了後も占有継続 mantien dans les lieux を認めたり、住居費補助 allocation de logement を創設する法律が制定された。

(2) 1980 年代——「住居への権利」・「住宅への権利」

　民間借家の一般的な課題として居住権保護を定めたのは、「賃借人と賃貸人の権利と義務に関する 1982 年 6 月 22 日の 82-526 号（以下「キイヨ法」と略）Loi n° 82-526 du juin 1982 relative aux droits et obligations des locataires et de bailleurs（dite loi Quillot）」(6)である。これは、同年 5 月の大統領選挙で左派のフランソワ・ミッテラン候補が当選し、続く下院議員選挙で勝利して政権に就いた左派が「すべてのフランス人にとっての最優先の課題の一つである住宅問題」について制定したものである。

　キイヨ法で注目されたことの 1 つは、「住居への権利 droit à l'habitat」を宣明したことである。すなわち、第 1 条 1 項で「住居への権利は、基本権の一つである。それを規律する法律の枠内で行使される」と定めている。同条は続いて「この権利の行使は、すべての社会階層に対して開かれた借家部門と持家部門の維持と発展により、すべての人々にとって居住様式と居住地の選択の自由を伴う」（2 項）、「賃借人と賃貸人の互いの権利と義務は、個別関係においても集団的関係においても均衡が取れていなければならない」（3 項）とする。

　それでは、この「住居への権利」の内容は何か。キイヨ法の中でその内容・権利者・義務者を定める条文はなく、法律全体を眺めてその

---

(5) Décision n° 94-359 du 19 janvier 1995 J.O., Lois et Décrets du 21 janvier 1995, p.1166 et s.

(6) J.O., Lois et décrets, le 23 juin 1982, p. 1967 et s.
　本法の日本語の解説には、原田純孝・東川始比古「外国の借家法（2）」水本浩・田尾桃二『借地借家法の現代的諸問題』現代借地借家法講座 3、日本評論社、1986 などがある。

内容を確定するほかない。

キイヨ法は、借家法の一般法として、ⅰ）期間、ⅱ）賃貸借の団体的関係の組織、ⅲ）家賃の3点で民法の原則を大きく修正している。ⅰ）期間については、当初の最短契約期間（4条）、賃借人の更新権、賃貸人の取戻権（9条）を定めた。ⅱ）賃貸借の団体的関係の組織は、「住居への権利」の宣明と並んでキイヨ法制定に大きな注目を浴びた条項である。すなわち、一定の要件を満たした賃借人団体との交渉を賃貸人に対して義務づけ、賃借人団体と賃貸人の間で協約を結ぶことを認めた（28条以下）。ⅲ）家賃については、一方で当初家賃は自由化するとともに、他方で上昇率は賃貸人と賃借人が締結する団体協約によって決めることを原則とした（51条）。

このように見てくると、キイヨ法が定める「住居への権利」とは、賃貸住宅の賃借人を主な権利者として、契約期間ならびに更新権を保障したり賃貸人の取戻し条件を明文化することで賃借人の地位を明確にすること、そのうえで賃借人と賃貸人の団体交渉を通じて賃貸人との間で賃借人に法的に対等な地位を保障することと理解できる。

しかし1986年の右派政権への政権交代とともに借家法が改正されて、キイヨ法の大半の条文が廃止され、「住居への権利」も廃止された。

さらに、1988年にミッテラン大統領が再選され、下院議員選挙に勝利した左派がふたたび政権に就くと翌89年には、「賃貸借関係の改善を目指し、1986年12月23日の法律の改正に関する法律89-462号（通称、マランダン＝メルマズ法）Loi n° 89-462 du 6 juillet 1989 tendant à améliorer les rapports locatifs et portent modification de la loi 86-1290 du 23 décembre 1986, dite loi Malandain, Mermaz」[7]が制定された。この法律は、キイヨ法の多くの条項をさまざまな修正を含みながら復活させた。居住の権利の宣言も復活されたが、「住宅への権利 droit au logement」（第1条）と表現された。すなわ

---

(7) J.O., Lois et décrets, le 8 juillet 1989, p. 8541 et s.

ち「住宅への権利は、基本権の一つである。それを規律する法律の枠内で行使される」。賃借人の更新権も復活させた。キイヨ法の主要な条項のうち、マランダン＝メルマズ法が復活させなかったものは、賃借人と賃貸人の団体的関係である。マランダン＝メルマズ法の「住宅への権利」は、賃貸住宅の賃借人を権利者として、最短契約期間と賃借人の更新権の規定による賃借人の地位の保護を内容と考えることができる。

この後、フランスでは相変らず右派と左派の政権交代が続くが、借家法は大きな改正を経ることなくマランダン＝メルマズ法が一貫して効力を持ち続けており、左右の政治勢力が過去20年間にわたっておおむね承認する内容に収まった。

(3) 1990年代——「住宅への権利」から「都市への権利」

居住権保護立法を新しい局面に展開したのは、「住宅への権利の実施を目指す1990年5月31日の法律第90-449号（通称、ベッソン法）Loi n° 90-449 du 31 mai 1990 visant à la mise en œuvre du droit au logement」[8]である。この法律は、第1条でマランダン＝メルマズ法と同じく「住宅への権利」を宣明するが、その内容はまったく異なる。この条文は次のとおりである。「住宅に対する権利の保障は、国民全体の連帯の義務の一つを成す」（1項）とする。そして「とりわけ、所得や生活条件に適合しないことを理由として、はなはだしい困難を被っているすべての人あるいは世帯は、この法律が定める条件に従って、公共団体に援助を求めて、品格があり独立している住宅を手に入れあるいはそこに留まる権利を有する」。ベッソン法が定める「住宅への権利」は、権利者を住宅困窮者、義務者を公共団体、権利内容は援助を求めて品格があり独立している住宅を手に入れあるいはそこに留まることができるようにすることである。

（8） J.O., Lois et décret, le 2 juin 1990, p.6551 et s.
　　本法の日本語の解説に、寺尾「フランスにおける住宅人権の展開」早川和男編著『住宅人権の思想』学陽書房、1991

この住宅への権利の内容は、ⅰ）困窮者住宅のための県活動プラン、ⅱ）恵まれない人々のための住宅供給を増やす手段、ⅲ）住宅個人化援助の給付条件の３つである。

このうち、法律制定過程でもっとも議論を呼んだのは、恵まれない人々のための住宅供給を増やす手段のうちの、県行政長官 Préfet による住宅困窮者のための社会住宅予約権限の活性化である。これは、建設・住居法典 Code de la Construction et de l'Habitation: CCH が、県における国の代表である県行政長官に対してベッソン法以前から付与している、困窮者のための社会住宅の予約権限を現実に行使できるようにすることだった（同法典法 441-1 条）。フランスでは、社会住宅組織は、公法人であれ、私法人であれ、市町村か県が出資している場合が多い。そこで、地元市町村に対して、財政的負担を与えたり、政治的多数派の変化をもたらすような住宅困窮者の入居を、社会住宅組織が拒むことが多かった。そこで、地方政治や地方財政の影響を受けない国の地域機関を通じて、住宅困窮者の社会住宅への入居を保障することを狙った規定である。具体的には、住宅困窮者が多い地域において、彼らの社会住宅への入居を保障するために、県行政長官、市町村、適正家賃住宅 Habitation à loyer modéré: HLM 組織の間で、社会資産占有議定書 Protocole d'occupation du patrimoine social: POPS を締結する（15 条、建設・住居法典法 441-2 条２項）。この議定書には、住宅困窮者の入居の促進とそれが引起す惧れのある問題への対処を定める。この議定書が締結に至らない場合あるいは議定書の内容が遵守されない場合に、県行政長官が社会住宅に優先的に入居させるべき世帯を指名する。

この規定は、政治上の複雑な対立を明らかにした。すなわち、キイヨ法、マランダン＝メルマズ法では「住居への権利」「住宅への権利」制定で一致していた左派のうち、共産党がこの手続に反対した。その理由は、すでに社会住宅が多く建設されている市町村にはそれだけ低所得者が住んでおり、そこへさらに低所得者を入居させることは貧しい者をますます貧しくさせると言うことであった。共産党が市政を

第2章　フランス　住宅人権法・DALO 法

取っている市町村は、ブルー・カラーの有権者を増やすために、長い間社会住宅の建設に積極的だったため、現在では荒廃した社会住宅が多く立地しているからである。

　ベッソン法が定める「住宅への権利」とは、住宅困窮者の社会住宅への入居を促進することであるが、具体的には権利者・義務者・権利内容は定められておらず、県行政長官・市町村・社会住宅組織の3者間の行政手続きを定めている。

　この年の秋、フランス第2の大都市、リヨン郊外のヴォル＝ザン＝ヴラン Vaulx-en-Velin にある大規模な社会住宅団地における北アフリカ系の若者と警官の衝突をきっかけとして、全国で大規模な騒乱が生じた。これに応えるために制定されたのが、都市の方向づけの法律（1991年7月13日の法律第91-662号）（通称 LOV）Loi d'orientation pour la ville（n° 91-662 du 13 juillet 1991）[9]である。LOV は、「都市への権利 droit à la ville」を定めている。すなわち「都市への権利を実現するために、市町村、地方公共団体とその集団、国、公施設法人は、都市の住民すべてに対して、社会的同一性を促す生活・住居条件と社会的隔離現象を回避あるいは消滅させる性質の条件を保障する。この政策によって、各地区が都市の中に組み込まれ、多様な社会階層の共存が各都市圏の中で保障されなければならない。この目的のために、国ならびにその他の公共団体は、各都市圏・市町村・地区において、必要な住宅・公共施設・公共サーヴィスのタイプを多様にするような措置を、各々の権限に応じて取らなければならない」（第1条）とする。

　この権利の宣明に続いて、LOV が定めているのは、ⅰ）都市および地区における住居の均衡、ⅱ）旧市街における、とりわけ社会的使命のある住宅の維持、ⅲ）大規模公共住宅団地の都市的・社会的進展、ⅳ）土地政策であり、住宅・住宅地におけるソーシャル・ミックスの

（9）　J.O., Lois et décret, le 19 juillet 1991, p. 9521 et s.
　　本法の日本語の解説に、寺尾「フランスの『都市の方向づけに関する法律』」『住宅』477号、1992

実現のための行政手続きである。

その中核を成すのが、地方住居プログラム programme local d'habitat: PLH（LOV13条、建設・住居法典 CCH 法 302-1 条以下）と住居の多様性負担 participation à la diversité de l'habitat: PDH（LOV16条、都市計画法典 CU 法 332-17 条以下）である。すなわち、大都市圏の市町村は、住宅政策の立案・実施を目的とする広域連合を結成し、地方住居プログラムを策定しなければならない。他方、社会住宅数と家賃補助受給世帯数が少ないという低所得者を拒んでいる市町村は、一定の金額を社会住宅組織に支払うか、地方住居プログラムの中で社会住宅建設を定めなければならない。さらに、地方住居プログラムの対象となっている市町村あるいは市町村間協力公施設法人は、不動産開発にあたって、開発業者に対して社会住宅建設の負担を課すことができる。

LOV 制定の理由は、前年のベッソン法制定過程で生じた、すでに低所得者・住宅困窮者が数多く住んでいる既存の社会賃貸住宅に住宅困窮者の入居を促進することによってますます社会的隔離を引起こすという批判に答えることであり、その結果として居住におけるソーシャル・ミックスを法的に取上げることになった。

しかし、LOV の「都市への権利」も、前年に制定されたベッソン法の「住宅への権利」同様に、具体的な権利者は定められていない。

なお、90 年代を通じて、「住宅への権利」「都市への権利」は、フランスの法体系の中で定着してゆく。例えば、(1) で述べたとおり、1995 年には、右派政権が制定した住居の多様性に関する法律第 7 条が宿泊施設を社会住宅と同等な公的資金の投入先としたことを、社会党議員が中心になって、憲法違反として法律の違憲審査を司る憲法院に訴えた。憲法院は、その規定は合憲だと判断するのだが、その理由の中で「すべての人が品格のある住宅を手に入れることは、憲法的価値の目的の 1 つである」[10]と論じて、「住宅への権利」を憲法上の権

---

(10) 前掲・注 4 参照

利のひとつと認めた。

　社会住宅の立地が少ない市町村に課された社会住宅建設義務は、右派政権となった1995年にいったん廃止されるが、左派が政権に復帰した2000年に地方住居プログラム上の義務は復活し、その後は右派政権になっても存続している。

(4) 小　　括

　フランスにおける居住保障の展開を振り返ってみると、次の点の特徴を読取ることができる。

　第1に、フランスでは、第2次大戦後に住宅の量が絶対的に不足していた時代から、さまざまな形で「あるべき住宅」[(11)]への居住保障を行なっている。1990年代以降、住宅の量がいちおう満たされた時代になった後で、法律上は「権利」を宣明するという形式を取っている。

　第2に、フランスにおける居住の権利は、きわめて政策的に定められている。概念法学の発想に親しんでいる日本の権利観からはなかなか理解しがたいが、フランスでは1982年以降の25年ほどの間に「住居への権利」「住宅への権利」「都市への権利」と3種の表現で権利が法定されている。ところが、その3種の権利の共通点・相違点は条文上必ずしも明らかではない。そして1989年のマランダン＝メルマズ法が定める「住宅への権利」と1990年のベッソン法が定める「住宅への権利」のように異なる法が同じ表現で権利を定めている場合でも、両者は同一の権利ではない。したがって、その権利に対する理解を深めるためには、当該法全体から権利者・義務者・権利の内容を確定しなければならない。

　第3に、1980年代に制定される「権利」と1990年代に制定される「権利」は、その権利者・義務者・権利の内容が明確に異なっている。

---

(11)　「あるべき住宅」は、もちろん時代によって異なる。本章では、権利論を検討することが主題であり、「あるべき住宅」像の検討は別の機会にしたい。

1980年代の「住居への権利」「住宅への権利」は、借家契約において権利者・義務者・権利の内容を定めている。すなわち、賃借人を権利者、賃貸人を義務者とした賃借人の更新権、賃借人・賃貸人の双方を権利者・義務者とした家賃の増減額請求権などがその内容である。これに対して、1990年代の「住宅への権利」「都市への権利」は、内容は住宅困窮者の社会住宅への入居の保障であったり、住居・住宅地のソーシャル・ミックスの実現であるが、具体的な権利者・義務者が定められておらず、その実現へ向けての行政手続きのみが定められている。

第4に、1990年代以降の「権利」の展開に基にある政策課題は、住宅市場において、空家と住宅困窮者が同時に発生する事態を背景に、居住保障は「都市への権利」として総合的な都市政策の一環として位置づけられるに至った。

2　DALO 法の制定の背景

DALO 法の制定は、「1」で述べたとおり一連の居住権保障立法の延長上にある。その上で本節では、DALO 法が現在の形を取る直接の契機となった出来事として、住宅に対する政府の義務を定めた立法、政府の審議会の答申、市民運動の到達点の3点を指摘しておく。(1) 住宅に対する国の義務に関する 2006 年 7 月 13 日の法律第 2006-872 号 Loi n° 2006-72 portant engagement national sur le logement: ENL（ENL 法）[12]、(2) 困窮者住宅高等委員会 Haut Comité pour le Logement des Personnes Défavorisées: HCLPD[13]答申、(3) ドン・

---

(12)　J.O., Lois, le 16 juillet 2006, Texte 1 sur 32

(13)　困窮者住宅高等委員会 HCLPD は、1992 年 12 月 22 日に発足した機関である。この年の夏、政府は、第 2 次大戦後から住宅困窮者の救済活動に奔走していたピエール神父 Abbé Pierre にレジオン・ドヌール勲章 L'Ordre National de la Légion d'Honneur グラン・トフィシエ章 Grand Officer（上位から 2 番め）を授与しようとした。ところが、ピエール神父は、ピエール・ベレゴヴォワ Pierre BEREGOVOY 首相を訪ねて、受章にあたって2つの要求を提示した。そのひとつが、困窮者住宅高等委員会の設立だった。初代委員長は、ベッソン法制定時の住宅担当副大臣であったルイ・ベッソン

第 2 章　フランス　住宅人権法・DALO 法

キホーテの子供たちとサン＝マルタン運河憲章 Charte du Canal Saint-Martin pour l'acces de tous a un logement の順で論ずる。

(1)　住宅に対する国の義務に関する 2006 年 7 月 13 日の法律（ENL 法）

　DALO 法制定の前年、2006 年に、住宅困窮者が、国に対して具体的に住宅供給を求める地位を定める、住宅に対する国の義務に関する法律（ENL 法）が制定された。

　ENL 法は、「国あるいは国の公施設法人が所有する建物内に住宅を整備すること、あるいは国あるいは国の公施設法人が住宅整備を目的に建物を譲渡することは、それが社会的統合のためのプログラム化の 2005 年 1 月 18 日の法律第 2005-32 号第 2 編、住居・建設法典法 302-8 条、当該地域に地方住居プログラムがある場合にはそのプログラムが定める目標の達成に役立つ場合は、全国的公益 intérêt public national を示す」（1 条）と定める。

　この目標を達成するために、次の 4 分野で法を整備している[14]。

　第 1 は、地方公共団体が住宅を建設することを支援する。このためには、次の条項が定められた。

- 地方税である非建築地不動産税 taxe foncière sur les propriétés non bâties: TFPNB の増税
- 新築社会住宅が受ける既建築地不動産税 taxe foncière sur les propriétés bâties: TFPB の初年度免税分の市町村への補填
- 建築敷地の供給増のための整備地方公共会社 société publique locale d'aménagement の 3 年間の臨時設立
- 国有地の譲渡手続きの迅速化
- 住宅建設を促すための地方都市計画プラン plan local d'urbanisme: PLU の策定権限
- 総住宅戸数の 20 ％という社会住宅戸数の目標に達していない市

　　Louis BESSON、現委員長はグザヴィエ・エマニュエリ Xavier EMMANUELLI。
　　www.hclpd.gouv.fr
(14)　住宅・都市省のウェッブ・サイト内に概要を紹介するページがある。
　　http://www.logement.gouv.fr/article.php3?id_article=5813

町村において、目標実現の客観的な障害を評価する全国独立委員会の創設による目標維持

第2は、家賃が規制された住宅の供給を増加させる。このためには、次の条項が定められた。

・中間的家賃の民間賃貸住宅セクターを伸ばすための税制上の優遇措置として、新築住宅を対象とする「ボルロー庶民住宅 Borloo populaire」と中古住宅を対象とする「ボルロー中古住宅 Borloo dans l'ancien」の創設
・空家税の対象となっている空家住宅を2007年末までに賃貸することによる、所得税の不動産所得から収入の30％を経費として控除
・居住者を納税者とする地方税である住居税 taxe d'habitation の空家への適用可能性
・適正家賃住宅 HLM 組織の権限の見直しと拡大

第3は、低所得世帯に対する社会分譲住宅の増加である。この目標のためには、次の条項が定められている。

・市街地再開発事業地区内の新築社会分譲住宅の付加価値税 TVA 低減税率5.5％の適用
・金利0％融資を15,000ユーロ（当時約219万円）まで増額
・適正家賃住宅 HLM 組織の1グループである不動産金融株式会社 Société anonyme de crédit immobilier の改革

第4は、すべての人々が快適な住宅に入居できることを促す。この目標のためには、次の条項が定められている。

・社会住宅割当の仕組みの改革
・連帯超過家賃 supplement de loyer de solidarité の増額
・冬季の水道・電気・ガスの供給停止の禁止
・品格に欠ける住宅対策の強化
・市街地熱供給網への付加価値税低減税率5.5％の適用

このうち、本章の主題である2007年に制定されるDALO法との関連では、第4の柱の筆頭に掲げられている「社会住宅割当の仕組み

の改革」に注目したい。ここでは、ENL 法の8年前に制定された、排除対策の方向づけの1998年7月29日の法律第98-657号 Loi n° 98- 657 du 29 juillet 1998 d'orientation relative à la lutte contre les exclusions[15]が、県ごとに県行政長官の下に設けている県調停委員会 comission départementale de médiation[16]の役割を強化した。ENL 法によれば、同委員会は、社会賃貸住宅の申込みをしたにも関わらず一定期間の後に回答を得られない者、あるいは次の3つのカテゴリーに属し、社会賃貸住宅の入居の申込みをしたにも関わらず回答を得られない者から調停を付託される。3つのカテゴリーとは、転居先がないのに立退きを迫られている者、一時的施設に宿泊している者、低水準の住宅あるいは不衛生な住宅に住んでいる者である。同委員会が申請者の要求を優先的と判断すると、県行政長官は、市町村長の意見を聞き、市町村間段階あるいは県段階の集団的合意に基づくソーシャル・ミックスの目標を考慮に入れて、申請に見合う住宅を所有するひとつの社会住宅組織を申請者に対して指名する（ENL 法70条、建設・住居法典 CCH 法441-2-3条）。

(2) 困窮者住宅高等委員会 HCLPD 答申

ドミニック・ドゥ・ヴィルパン Dominique de VILLEPIN 首相は、2006年5月12日に貧困・社会的排除対策政策全国審議会 Conseil national des politiques de lutte contre la pauvreté et l'exclusion sociale: CNLE の席上で、「請求可能な住宅への権利 droit au logement opposable」の法制化を発表した。それを受けて6月14日に困窮者住宅高等委員会 HCLPD に対して、次の2点を諮問した[17]。

---

[15] J.O., Lois et décrets, le 31 juillet 1998, p. 11679 et s.

[16] 委員長は県行政長官、委員は8人で、社会住宅賃貸組織の代表4人以内、借家人団体の代表2人以内、社会的同化あるいは困窮者向け住宅を活動目的のひとつとする団体の代表以内2人から成る。委員数は、賃貸側と借家人・住宅困窮者支援側が同数となるようにする（排除対策の方向づけの法律56条）。

[17] La lettre de mission du Premier Ministre, in Haut Comité pour le logement des personnes defavorisées.-Rapport au Premier Ministre sur l'expérimentation locale du droit

・地方の戦略の策定と実験が生じうるような法律的条件と実務の態様を研究すること
・この手続きを実行する候補者となる公共団体を満足させる仕様書を定めること

同委員会では、この諮問を受けて『請求可能な住宅の権利の地方公共団体による実験に関する首相宛ての報告 Rapport au Premier Ministre sur l'expérimentation locale du droit au logement opposable』と言う以下の勧告を出した[18]。

まず、「住宅への権利」を請求可能なものとするにあたり、これは1990年に制定したベッソン法第1条が定義する権利の適用であると考える。次に、「住宅への権利」を請求可能なものとするために地方公共団体が実験を行なうにあたり、2つの前提条件を提示する。第1は国土全体で実施すること、第2は国も義務を負うことである。国の義務とは、財政面で住宅需要を測りプログラム化法を制定して複数年度の予算を確保することと、全国評価委員会の設置・全国実施委員会の創設・各県において国の責任者への県行政長官あるいは県副行政長官の任命により権限と施策の過程の進行についても義務を負うことである。

同委員会は、「住宅への権利」の実施において公共団体の義務は、2段階に組合わせて果たされるように提言する。第1段階は、1つの地方公共団体が住宅への入居や維持に困難をきたしている市民に対して、「1列目」として向き合わなければならず、その後ろに住宅供給に影響をもつ権限を有するその他すべての行政が「2列目」を構成し、国がこれらの責任の行使全体を保障するとする。そのために、パリを含むイル゠ドゥ゠フランス地域圏 Région Ile-de-France 以外の地域圏におけるしくみは、「1列目」の権限を、住宅建設予算の権限を移譲された市町村間協力公施設法人 établissement public de coopération

---

au logement opposable, 2006. p. 31

(18) idem, p. 17 et s.

第 2 章　フランス　住宅人権法・DALO 法

intercommunale: EPCI あるいは県、それがない場合は国とする。首都圏であるイル゠ドゥ゠フランス地域圏においては、イル゠ドゥ゠フランス住宅組合 Syndicat du logement d'Ile-de-France: SLIF を創設して、この組織が地域圏の住宅政策の実施を担当し「1 列目」の責任を行使する。この組合は、一方では地方公共団体による実験のために国から権限を移譲され、他方では地方公共団体へ責任を移譲する。

　この義務の行使のしかたは、まず「1 列目」の責任をもつ行政当局が、自らが推進する政策の立案と実施のために、すべての公共団体と関係当事者を結集するよう努めなければならない。このパートナーシップの確立に失敗した場合、国の介入を求めることができるようにする。次に、市民の訴訟による請求は、事前に法律が定める期限に行なわれなければならず、その前に、可能な限り既存の制度を使いながら、援助の要求の処理と調停による請求を速やかに行なうことが望ましい。さらに、「住宅への権利」と住宅選択の関係についても注意を促している。すなわち、「住宅への権利」の義務者である行政当局は、提示する住宅を拒否する世帯に対して際限なく住宅を提示しなければならないわけではない。しかし、最少限の選択をできる状況に請求者をおくことは望ましい。なぜならば、請求者を尊重し、請求者を住宅と地域により良く同化させるのに望ましい条件を作るからである。

　地方公共団体による「住宅への権利」の実施のためには、施策の実験をすることが望ましく、「住宅への権利」に対する「1 列目」の責任を保障することと引換えに、その公共団体に新たな権限を付与して、首都圏以外では市町村間協力公施設法人 EPCI と県に、イル゠ドゥ゠フランス地域圏ではイル゠ドゥ゠フランス住宅組合を創設して、地域での実験的施策を行なう可能性を与える。

　同委員会は、「住宅への権利」の実施に貢献している「グッド・プラクティス」を収集し、住宅の需給を知る道具に関してこれらの実践を基礎として全国の仕様書を定めるべきだと勧告する。さらに、社会住宅のみならず、民間賃貸住宅を動員するために、民間賃貸住宅がすべての人に開かれるのと引換えに、国は、賃貸リスクを保証する措置

に出資することと、入居者が個人化住宅援助 Aide personalisée au logement: APL という家賃補助を受給できる協定を締結している民間賃貸住宅すべてについて国あるいは地方公共団体へ予約権を与えることを提案している。

困窮者住宅高等委員会 HCLPD の報告の特徴は、「住宅への権利は、地方公共団体の住居政策が実施されなければ達成しえない。地方公共団体の政策のみが、需要と供給を一致させることを保障し、特定の措置をもっとも困窮している人々が住宅に入居できるようにすることができる」として、「住宅への権利」の実施義務者を地方公共団体としていることである。その上で、地方公共団体、とりわけ基礎自治体である市町村が低所得者向けの住宅を忌避したがる保護主義を打ち破り、「住宅への権利」を請求可能なものとするための措置、すなわち住宅困窮者の住宅請求相手方の「1列目」の地方公共団体と、住宅供給を行なうその他の「2列目」の地方公共団体という体制を提示している。

(3) ドン・キホーテの子供たちとサン=マルタン運河憲章

「はじめに」で述べたとおり、DALO 法制定に大きく寄与したのが、2006年12月にパリ市内北東部のサン=マルタン運河の沿岸で繰り広げられた、ホームレス支援団体「ドン・キホーテの子供たち」の住宅要求キャンペーンであった。

「ドン・キホーテの子供たち」は、12月25日に、『すべての人が住宅に入居するためのサン=マルタン運河憲章』[19]を発表した。この憲章は、前文のほか6つの条項から成っている。

前文では、すべての人が真の住宅へ入居することを保障する野心的な政策の実施を、国に対して要求する。

そのために次の6点を要求する。

第1は、宿泊施設を365日24時間運営し人間らしい条件で暮らせるようにすることである。人間らしい条件には、品格があり、個室で、

---

(19) http://www.lesenfantsdedonquichotte.com/v4/pdf/charteducanalsaintmartin.pdf

必要があればカップルで入所できる部屋があることや施設の暮らし方や組織運営への入所者の参加を含む。

　第2は、宿泊施設から路上に戻すことを止め、宿泊施設への入所から安定した解決策へ結びつけなければならないことである。現行の緊急入所システムでは、一方的に決められた数日の間施設に入れるだけで路上に戻してしまう。このようなやり方は、人格を傷つけ、健康を害し、危険に置くのですぐにやめなければならない。入所期間は、個人の状況に応じて、長続きし自由に選べるようにすべきである。

　第3に、臨時住宅の供給を直ちに行なうことである。必要な期間のホテルの宿泊や寮の生活は経費がかかるし暮らしに適応しないので、民間賃貸住宅の賃借、徴用法 loi de réquisition の適用、取壊し予定の社会住宅の動員により、臨時住宅を直ちに供給する必要がある。

　第4に、社会住宅をより多く供給して、もっとも貧しい世帯も受入れられるようにすることである。膨大な住宅不足、住宅価格の高額さ、臨時住宅への入居者の飽和などを考えると、もっとも貧しい人々や世帯が入居可能な社会住宅を、現在よりも多量に供給することが望ましい。

　第5に、住居の別の形式を発展させることである。各自が自分固有の空間をもちつつ、人間関係を維持し、孤独になることを避けるような住宅を提供する方が良い人たちがいる。この点で「下宿 pension de famille」のような施設は役に立つ。

　第6に、全国において「住宅への権利」を請求可能なものとすべきである。

　ホームレス支援団体「ドン・キホーテの子供たち」の要求の特徴は、住宅困窮者の住居事情の改善を、宿泊施設から一般住宅まで幅広い選択肢を各々拡充させることで達成させようとしていることである。

(4)　小　　括

　DALO法の制定至る背景を振り返ってみると、政府・専門家・住宅困窮者支援のいずれの立場からも、住宅困窮者の現況に対する問題

意識のみならず、具体的な施策についてもおおむね合意が成立していたことがわかる。

まず社会賃貸住宅への入居を拒まれた住宅困窮者が、入居できる住宅を現実的に請求できる地位も、すでにENL法により2006年に法制化された。また、このように住宅を請求する権利は、その前提として、困窮者の支払い能力でも入居できるアフォーダブルな住宅がある程度の量で存在しなければ現実に満たされないこと、さらに困窮者がもつさまざまな問題のために物理的な住宅を供給するだけでは品格のある住まいにはならず、問題を軽減する公共サービスの提供が欠かせないこともまた衆目の一致するところである。

3 DALO法の内容

2007年3月5日に公布されたDALO法は、2章75条から成る。第1章は「請求可能な住宅への権利に関する条項」、第2章は「社会的統合に関する条項」である。

(1) 請求可能な「住宅への権利」に関する条項

DALO法第1章には、「請求可能な住宅への権利に関する条項」という表題が付されているが、その内容は狭義の「請求可能な住宅への権利」と、その権利の実行を可能とするための住宅供給の増加策との2つに分かれる。

A.「住宅への権利」

a. 権利の宣明

DALO法は、改めて住宅への権利を定める。すなわち「住宅への権利の実現を目指す1990年5月31日の法律第90-449号第1条に定める品格があり独立した住宅 logement décent et independant への権利は、手続きに適い、かつ国務院によるデクレが定める恒常的な条件で、フランス国内に居住し、そのような住宅を自らの資力によって手に入れるかあるいは維持できないすべての人々に対して、国が保障する。この権利は、……（中略）……調停による請求、次いで必要で

あれば、訴訟による請求によって行使される」(DALO法1条、建設・住居法典 CCH法 300-1条)。

「1」で見たようにベッソン法は、住宅困窮者を権利者、公共団体を義務者、品格があり独立した住宅を手に入れるか維持できることを内容とする「住宅への権利」を定めた。それに比べると、DALO法は、義務者を国に限定した点、そして調停と訴訟という具体的な権利行使の態様を定めた点に特徴があり、とりわけ後者によって居住権保障を前進させた点が注目を集めている。

b．権利者

DALO法は、「住宅への権利」を再び確認した後、国に対して権利を行使できる人の条件を定めている（DALO法7条、建設・住居法典CCH法441-2-3条)[20]。

まず、次の3条件をいずれも満たしていることが前提となる。
・フランス国籍を有するか、あるいは手続に適ってフランス領土に住んでいること
・自らの資力で、品格があり独立した住宅を手に入れたり維持できないこと
・社会住宅に入居する法規上の条件を満たしていること

その上で、善意であり、かつ次の6条件のうちの1つに該当することが必要である。
・住宅がない、すなわち住所がないか、あるいは他人の家に泊めてもらっていること
・転居先がないのに立退きを迫られていること
・施設に泊まっているか、あるいは臨時の住宅に一時的に住んでいること
・居住には不適切な住戸、あるいは不衛生もしくは危険な兆候を呈している住戸に住んでいること
・少なくとも未成年の子供、あるいはハンディキャップのある人が

---

(20) Droit au logement opposable, Ministère du Logement et de la Ville, 2008, p 3

１人いるか、あるいは自身がハンディキャップであるのに、明らかに過密居住の住戸、あるいは品格のない住戸に住んでいること
・社会賃貸住宅の入居申請者であり、申請の県による登録証明をもち、「異常に長い」期間が過ぎた後で適当な提案をまったく受けなかったこと（なお、この期間は県ごとに異なり、県行政長官の規則によって定められる）

　ENL法では、社会賃貸住宅への入居申請に対して、社会住宅組織から回答がないことが調停申請の前提条件であったが、DALO法は入居申請への回答がないというカテゴリー以外のカテゴリーの人々に対しては、社会賃貸住宅への入居申請を条件としていない。さらに、DALO法は、社会賃貸住宅への入居への回答がないというカテゴリー以外のカテゴリーを新たに２つ、すなわち、住宅がない人、未成年の子供あるいはハンディキャップのある人というカテゴリーを加えた。

　ｃ．手続き

　「ｂ」の条件を満たした人は、調停 recour と行政訴訟という２段階から成る手続きを踏んで、品格のある独立した住宅を国に対して請求することができる。

　ア．調　停

　第１の手続きは、調停である（DALO法７条、建設・住居法典法441-2-3条）。調停は2008年１月１日から施行されている。

　調停の申請先は、県ごとに設置される調停委員会である。申請書に記載する事項は次のとおりである。すなわち、氏名、未婚・既婚の別、生年月日、郵便の宛先、国籍（ヨーロッパ以外の国籍保持者の場合は、滞在許可の区分）のほかに、申請年の前年の家族全体の所得、家族人数、社会賃貸住宅への入居申請歴、現在住んでいる場所、住宅請求を必要とする住宅事情、ソーシャル・ワーカーとの接触の有無、申請に際して支援団体の援助の有無、他の調停委員会への申請の有無。

　申請書に記入欄があるとおり、独力では申請できない住宅困窮者は、支援団体の援助を受けることができる。県行政庁には支援団体の一覧

第 2 章　フランス　住宅人権法・DALO 法

表が備わっている。

　申請を受けた調停委員会は、3ヵ月ないし6ヵ月以内（期間は県によって異なる）に決定を下す。決定には、次の3種が考えられる。第1は、調停委員会が、申請者は優先される状況にあり、住宅を緊急に割当てるべきと判断する場合であり、申請者の需要と支払い能力を考慮したうえで割当てる住宅が備えるべき性格を、申請を示しながら県行政長官へ伝達する。第2は、調停委員会が、通常の住宅が申請者の状況に適さず、宿泊施設・臨時住宅・寮・福祉目的のホテル施設を申請者に対して提案すべきと判断する場合であり、委員会はそのような施設への受入れを準備すべきことを県行政長官へ伝達する。第3は、調停委員会が、申請者の状況は優先されず、緊急に住まわせる必要はないと判断する場合であり、委員会は、申請者に方向は提示する。この場合には、理由を示す。

　調停委員会による住宅あるいは施設割当ての決定を得た場合、申請者は3ヵ月ないし6ヵ月（県による）以内に、需要と支払い能力に応じた住宅あるいは施設の提示を受ける。提示される住宅は、適正家賃住宅 HLM 組織が管理する住宅、全国住居事業団 ANAH と協定を結んだ民間家主が所有する住宅、仲介者に賃貸され「住宅への権利」の権利者へ転貸される住宅のいずれかである。

　調停委員会から住宅あるいは施設割当ての決定を得たにもかかわらず、需要と支払い能力に見合った住宅を3ヵ月ないし6ヵ月の期間内に受取ることができない場合、申請者は行政訴訟に訴えることができる。

　DALO 法は、住宅だけではなく、宿泊施設、臨時施設・住宅、寮、福祉目的のホテルなどへの入所を申し込む者にも、住宅申込み者とおなじような権利を認めている。

　イ．行政訴訟

　第2の手続きは、行政訴訟である（DALO 法9条、建設・住居法典 CCH 法 441-2-3-1 条）。「ア」で述べたとおり、この行政訴訟は、調停委員会への調停申請にあたり社会住宅組織からの回答を待つ必要のな

い5つのカテゴリーに属する人については2008年12月1日から、それ以外の人々、すなわち社会住宅組織への入居申請が一定期間店ざらしにされていることを理由に調停申請をした人々については2012年1月1日から施行される。

　申請者は、a．で述べたように、調停委員会で住宅あるいは施設割当ての決定を得ながら、適切な住宅あるいは施設を得られない場合は、行政裁判所 tribunal administratif に訴えることができる。

　申請者は、調停の場合と同様に、支援団体の助力を得ることができる。弁護士に代理を依頼することはできるが、義務ではない。

　行政裁判所は、申請が調停委員会により優先的と認められ、かつ申請者が需要と支払い能力に見合った住宅を得ていないことを確かめると、訴えの日から2ヵ月以内に、国に対して、申請者に住宅を与えるかあるいは転居させることを命ずる。

　行政裁判所は、訴えの内容が住宅の申請であっても、宿泊施設、臨時施設・住宅、寮、福祉目的のホテルへの入所の方が申請者の状況に適していると判断する場合は、施設への入所を命ずることができる。

B．住宅供給増加策

　「A」で述べた「住宅への権利」を請求可能とするためには、じっさい困窮者が入居できるアフォーダブルな住宅の戸数を増やさなければならない。DALO法のうち「住宅への権利」の請求手続きの部分が注目を浴びているが、住宅、それも困窮者が入居可能なアフォーダブル住宅の供給を増やす手段が定められていることを見過してはならない。

　第1は、社会賃貸住宅の立地が少ない市町村が社会賃貸住宅を提供しなければならない義務を強化した。基礎自治体である市町村に対して地域内に社会賃貸住宅を立地させる義務については、DALO法以前から定められていた。すなわち、人口1万5,000人以上の市町村を含む人口5万人を超える都市圏内に位置する、人口3,500人以上（パリを含むイル＝ドゥ＝フランス地域圏内では人口1,500人以上）の市町村であって、地域内の主たる住宅の総戸数中、社会賃貸住宅戸数が

20％に満たない市町村は、20年後にはその割合が20％に達するように一定の財政負担をしなければならない。この義務は、左派政権が、1991年に制定した、都市の方向づけの法律LOVにおいて、「都市への権利」を実現するための重要な手段として設けられた制度であるが、その後の右派政権への交代によって廃止され、ふたたび左派が政権に就いた後、2000年に制定した市街地の連帯と再生に関する法律（SRU法）55条[21]で修正して復活させ、その後は政権交代にも関わらず存続している。

DALO法は、この規定の対象市町村を拡大した。すなわち、市町村間協力公施設法人EPCIのうち構成市町村からの負担金だけでなく固有の税を有する人口5万人を超えるもので、人口1万5,000人以上の市町村を含む公施設法人を構成している市町村で、人口3,500人（イル＝ドゥ＝フランス地域圏では1,500人）以上の市町村にも適用される（DALO法11条、建設・住居法典CCH法302-5条）。この結果、DALO法以前には、1,389の市町村が社会賃貸住宅立地義務の対象とされていたのだが、250ほどの市町村が新たに対象となる。

第2に、社会的統合のプログラム化の2005年1月18日の法律第2005-32号 Loi n° 2005-32 du 18 janvier 2005 de programmation pour la cohésion sociale[22]が定める社会的統合プラン Plan de cohésion sociale の、社会住宅の供給目標戸数を強化した。DALO法より前は、2007年から2009年の3年間で、社会的利用賃貸住宅融資 Prêts locatifs à usage social と同化援助賃貸融資 Prêts locatifs aidés d'intégration を用いて建設する住宅戸数を189,000戸と予定していたのに対して、DALO法は280,000戸にまで引上げた（DALO法21条、社会的統合のプログラム化の法律87条）。

バルロー担当相によれば、この措置により、社会賃貸住宅を、2007

---

(21) 寺尾「フランスにおける都市再生政策の論理の対抗」原田純孝・大村謙二郎『現代都市法の新展開』東京大学社会科学研究所研究シリーズNo.16、東京大学社会科学研究所、2004、133頁以下

(22) J.O., Lois, le 19 janvier 2005, Texte 1 sur 100

年には約12万戸、2008年と2009年には14万2,000戸以上供給することができる[23]。

第3に、住居に関する1994年7月21日の法律第94-624号 Loi n° 94-624 du 21 juillet 1994 relative à l'habitat が定めるホームレス緊急宿泊県プラン Plan départemental pour l'hébergemen d'urgance des personnes sans-abri を強化した。まず、プランによってホームレス向けの緊急宿泊施設の開設を義務づけられる市町村を拡大した。すなわち、DALO法以前に開設が義務づけられていたのは、人口1万人以上で住宅政策の権限を有する市町村あるいはその連合体にであったのに対して、DALO法は、人口5万人を超える市町村間協力公施設法人EPCIの構成員の市町村と、人口1万人を超える市町村を少なくとも1つ含む人口5万人を超える都市圏内の人口3,500人以上の市町村に開設を義務化した。さらに、このプランが定める目標を順守しない市町村は、2009年1月1日以降、課徴金を支払うことになる。その金額は、住民ひとり当たりの租税負担額に不足している施設定員数を乗じた額である（DALO法2条、住居に関する法律21条）。

第4に、市街地再開発全国事業団 Agence nationale pour la rénovation urbaine: ANRU の予算を増額した。都市と市街地再開発の方向づけとプログラム化の2003年8月1日の法律第2003-710号 loi n° 2003-710 du 1er août 2003 d'orientation et de programmation pour la ville et la rénovation urbaine[24]第7条が定めた、市街地再開発全国事業団 ANRU の2004年から2013年の予算を、50億ユーロ（当時7,640億円）から60億ユーロ（当時9,170億円）へと引上げた（DALO法18条、都市と市街地再開発の方向づけとプログラム化の法律7条）。

バルロー担当相は、この予算増額により、530の市街地再開発地区において、地方公共団体と社会住宅賃貸組織の動きに応え、これらの

---

(23) Projet de loi instituant le droit au logement opposable et portent diverses measures en faveur de la cohésion sociale, Assmblée nationale, 15 février 2007, p.10 et s.

(24) J.O., Lois et Decrets, le 2 août 2003, p.13281 et. s.

地区すべての市街地再開発事業へ投資することができるとする(25)。

第5に、賃貸リスク全般保証基金 Fonds de garantie universelle des risques locatifs を創設する（DALO法27条、建設・住居法典CCH法313-20条）。この基金は、国と住宅社会経済連合 Union d'économie sociale pour le logement: UESL(26)が2006年12月20日に結んだ協定によって予告されていた。この基金は、住宅経済社会連合が作成し、2007年1月24日のデクレ2007-92号が認める仕様書に従って、家賃不払いのリスクに対する保険契約を賃貸人に提案する損害保険会社に、災害時に支払われる補償金を支払う。

バルロー担当相は、この基金により、現在空き家となっている約20万戸の住宅が借家市場に戻りうるとする(27)。

(2) 社会的統合に関する条項

DALO法は、住宅供給について定めた第1章に引続いて、住宅困窮者の社会への統合を促進する諸措置を定める第2章を置いている。この内容は、大きく次の4点である。

第1に、住所のない人々に対して、市町村あるいは市町村連合の社会福祉センターもしくは認証された社会福祉団体の下に住所を置くことをできるとしたことである（DALO法51条、社会施策・家族法典 Code de l'action sociale et des familles 法264-1条以下）。これにより、野宿生活者の人たちも社会扶助、身分証明書の発行、選挙人名簿への登録あるいは法律上の支援を請求することができる。

第2に、零細企業や自営業者に対して相対的に重い負担を課していた社会保障拠出金を、最低拠出金を免除し、売上高に比例する比例的

---

(25) Projet de loi, Assmblee nationale, 15 février 2007, p.10
(26) 住宅社会経済連合 UESL とは、20人以上の被用者を雇う雇用主が、支払い給与総額の0.45％に相当する金額を充てる住宅建設雇用者負担金（通称「1％負担金」）Participation des employeurs a l'effort de construction（建設・住居法典CCH法313-1条以下）を収集する団体によって構成される団体である（同法典法317-17条）。
(27) Projet de loi, Assmblee nationale, 15 février 2007 p.12 et s.

社会保障料 cotisation sociale proportionnelle とする（DALO 法 53 条、社会保障法典 Code de la securité sociale 法 131-6 条）。

バルロー担当相によれば、最低拠出金免除により、零細企業の自営業者は、職人であればひとりあたり年間 1,393 ユーロ（当時約 21 万 3,000 円）、商人であればひとりあたり年間 1,352 ユーロ（当時約 20 万 7,000 円）の拠出金を免除される。次いで、2 年めには職人については 4,904 ユーロ（当時約 74 万 9,000 円）、商人については 4,749 ユーロ（当時約 72 万 6,000 円）の一括保険料もまた免除される。さらに、比例的社会保障拠出金は、租税の申告と社会保障の申告をひとつにするという行政の簡素化にもなる[28]。

第 3 に、家族的・社会的再同化援助給付 prestation d'aide à la réinsertion familiale et sociale の創設である（DALO 法 58 条、社会施策・家族法典法 117-3 条）。これは、ヨーロッパ諸国以外の国出身の外国人を対象とする。彼らが次の 5 条件を満たしている時に支給される。

・65 歳か、労働不能の場合 60 歳に達していること
・15 年間フランスに適法で、途切れなく滞在していること
・申請時に、寮かあるいは家主が国と協定を締結した賃貸住宅に住んでいること
・所得が、国務院を経るデクレで定める限度額を下回っていること
・出身国に長期滞在していること

バルロー担当相によれば、年金支給開始年齢に達して仕事を辞めた高齢移民 vieux migrants は 3 万 8,000 人おり、フランスの経済成長に寄与した彼らが、出身国で品格ある条件で生活をすることができるようにすることが目的である[29]。

第 4 に、対人サービス費用戻し税 crédit d'impôt mis en place dans le cadre des services à la personne の創設である（DALO 法 60 条、租税一般法典 Code général des impôt: CGI 法 199 sexdecies 条）。こ

---

(28) Projet de loi, Assmblée nationale, 15 février 2007 p. 13 et s.
(29) Projet de loi, Assmblée nationale, 15 février 2007 p. 14 et s.

れは、高齢者の在宅ケアのような対人サービスに支出する場合、所得税課税世帯であれば所得税から控除できるように、非課税世帯にはその費用を戻し税の形で支給する。すでに 2006 年の修正予算法律 loi de finances rectificative が、子供の補習授業の費用と子守りの費用に戻し税を認めていたのに対して、対象事業をすべて対人サービスに拡大したのである。

4　DALO 法の運用

DALO 法は、2007 年 3 月の制定から 1 年以上経ち、この間、住宅や施設の申込み者から県調停委員会への調停の申請も始まった。そこで、DALO 法の現時点での運用状況を簡単にまとめておく。(1) 評価委員会報告書と(2) パリ行政裁判所 Tribunal administrative de Paris 2008 年 5 月 20 日命令を題材とする。

(1) 請求可能な住宅への権利実施評価委員会
　　　　Comité de suivi de la mise en œuvre du droit au logement opposable

DALO 法は、請求可能な住宅への権利実施評価委員会を設け、大統領、首相および議会に対して、年刊の報告書を提出することを定めている（13 条）。最初の報告書[30]は、2007 年 10 月に提出されている。

この報告書では、DALO 法運用の課題として、次の 6 点を挙げている。

第 1 の課題は、2008 年 1 月 1 日の期日を守ること。この日までに、調停委員会が設置され、申立てに答えられるような手段を備えていなければならない。

第 2 の課題は、2008 年 12 月 1 日の期日を守ること。この日に、もっとも酷い状況にある世帯は住宅の提供を求める行政訴訟が可能となるので、県行政長官は、調停委員会によって優先的と認められる世

---

(30) Comité de suivi de la mise en œuvre du droit au logement opposable. –Franchir les étapes pour rendre effectif le droit au logement opposable, 2007
　http://lesrapports.la documentation francaise.fr/BRP/074000676/0000.pdf

帯全体を住まわせる準備をしなければならない。

第3は、2012年1月1日の期日を守ること。この時期には、異常に長い期間、住宅・施設の提供を受けないすべての人が行政訴訟をできるので、必要な住宅を建設する政策が国土全体で展開されなければならない。

第4は、宿泊施設と住宅のネットワークを形成し、同化過程に組込まれた福祉施策を実施すること。

第5は、社会住宅を優先的に割り当てられる「住宅への権利」が地理的に分散され、新たな社会住宅の建設によって社会住宅の立地の不均衡が是正され、ソーシャル・ミックスを実現するようにしなくてはならない。

第6は、DALO法の対象となる人々の40％がいる、首都圏であるイル゠ドゥ゠フランス地域圏を考慮しなければならない。

(2) パリ行政裁判所2008年5月20日命令[31]

DALO法の運用状況を明らかにする第2の題材として、同法を根拠とする最初の判決を取上げたい。

この事件は、DALO法9条、建設・住居法典CCH法441-2-3-1条が認める行政訴訟ではない。

原告は、2006年6月以来、未成年の子供2人とともに2年間の契約で宿泊施設に入所していた者である。施設を経営する宿泊・社会再同化センターは契約を更新せず、2008年6月9日に施設を退去するよう求めた。そこで、入所者は、2008年1月4日に、パリ調停委員会に対して申立てをした。ところが、同委員会は、2008年3月3日に、入所者の状態は優先されるべきではあるが緊急性はないとして、住宅への権利を認めなかった。

そこで、入所者とそれを支援する民間非営利組織は、この決定の停止を求めて、2008年4月23日にパリ行政裁判所へ訴えた。

---

(31) Tribunal Administratif de Paris, Ordonnance, le 20 mai 2008, n° 0807829/9/1., http://www.davidtate.fr/spip.php?article1613

パリ行政裁判所は、調停委員会の決定には誤りがあり、原告に住宅が割当てられる時期まで、原告と施設運営者の間で結ばれた契約を延ばすべきである。また、原告には子供がふたりいながら他の宿泊施設がまったく提供されておらず、緊急性があると判断した。

そして、ⅰ）原告民間非営利組織の訴えは棄却。ⅱ）原告女性に対して、パリ調停委員会が下した決定は1ヵ月間中断。ⅲ）パリ調停委員会は、原告女性の請求に対して1ヵ月以内に再度判断、ⅳ）国は1,500ユーロ（当時約24万3,000円）を支払えと言う命令を下した。

(3) 小　括

DALO法が制定されてから1年超の間に、すでに請求可能な住宅への権利をめぐって幾つかの動向が生じている。

まず、政策面での判断を行なう、評価委員会年次報告書は、まだ注意事項を記したに留まる。これに対して、行政裁判所にはDALO法が規定した訴訟類型、すなわち調停委員会から住宅または施設を割当てるという決定を得ながら、現実には入居または入所できない者からの訴訟ではなく、調停委員会の割当てないという決定を得た者がその決定に対する不服を訴える類型の訴訟が生まれた。そして、そこではDALO法の規定が行政裁判官の判断基準のひとつになっていることには注目したい。

Ⅱ　まとめ

本稿のしめくくりとして、(1)フランスにおける居住権保障の歴史におけるDALO法の位置を整理し、(2)DALO法と日本の住居法とを比較したい。

(1) DALO法の位置づけ

第1に、DALO法において、住宅困窮者が社会住宅に入居申請をする一連の手続きを「請求可能な『住宅への権利』」と定めたことには三重の意義がある。

まず、一定の社会階層にある人々に社会住宅への入居を制度上保障したことに意義がある。ただし、この点はDALO法によって初めて実現したものではなく、2006年のENL法がすでにその先鞭をつけており、DALO法は請求権者を増やしたのである。DALO法の規定で、品格のある独立した住宅に市場では入居できない住宅困窮者全員が覆われているか否かを明らかにするのは、今後のDALO法の運用を待たなければならない。さらに言えば、この点の有効性は、住居費補助など他の居住保障制度との関連の中で検討されなければならない。

次に、一定の社会階層にある人々に社会住宅への入居を保障する制度に行政訴訟を用いたことである。この点は、ENL法では定められておらず、DALO法が初めて制定した点である。この訴訟の訴訟類型等はいずれ別の機会に検討する必要がある。

最後に、社会住宅への入居を請求できる地位を「請求可能な『住宅への権利』」と権利を宣明したことに意義がある。フランス法の権利宣明は、概念法学の発想からはほど遠く、政策における個人の地位を一個の「権利」として構成することが、少なくとも住宅政策の中ではしばしば見られてきた。DALO法の規定もそのひとつであり、1990年のベッソン法が定めた「住宅への権利」につき、権利者、義務者、権利の実行手続きを具体化した点がDALO法の意義である。

第2に、DALO法の論理は、「請求可能な『住宅への権利』」は、品格がありながら低所得層でも支払い可能な家賃のアフォーダブルな住宅の供給を増やすことによって、実現できると言う構成を取っていることである。この点では、1991年のLOVが定めた「都市への権利」の考え方に従っている。すなわち、既存の社会賃貸住宅へ住宅困窮者を入居させるだけでは、貧困団地・貧困地区にますます困窮者を増やすことになる。このような社会的排除の進行を食い止めることが「都市への権利」であり、DALO法の住宅供給増加策の筆頭に挙げた、市町村の社会賃貸住宅供給義務はその一つの具体策である。

第3に、DALO法が、住宅供給策と社会同化策から成っているのは、70年代末以降の地区再生・都市再生の延長上にある。

第4に、DALO法の制定が現在のフランスの総意に基づいていることに注目したい。DALO法は、政府原案に対する多くの修正が施されたものの、下院の国民議会、上院の元老院のいずれにおいても全会一致で議決されている[32]。80年代の借家法が定める「住居への権利」「住宅への権利」、90年代の住宅困窮者対策法の「住宅への権利」「都市への権利」をめぐって、右派左派、さらには同じ右派内部・左派内部で深刻な対立を繰り返していた時代を経過して、住宅問題についてフランスの国家・社会内部でおおむねの成立した合意の表明としてDALO法を理解することができる。

以上に整理した、フランスの居住保障立法の展開におけるDALO法の位置から、逆にDALO法が抱える問題点も浮かび上がる。

その1は、社会住宅の割当て手続きがますます複雑になったことである。困窮者に対して住宅を保障する制度は、DALO法以前より定められている。困窮者住宅のための県活動プラン Plan départemental d'action pour le logement des personnes défavorisées が、品格があり独立した住宅への入居あるいは居住継続のために策定される（ベッソン法2条）。適正家賃住宅の割当ては、ハンディキャップのある人、低所得による住宅困窮者、施設入所者、長期失業者等を優先させるという原則が定められており、さらに県行政長官が劣悪居住者あるいは困窮者のための社会住宅の予約権を有している（建設・住居法典CCH法441-1条）。そして、県行政長官の下には調停委員会が設けられる。これだけの措置を経ても、入居できる住宅が手に入らない世帯がおり、DALO法ではさらに行政訴訟の可能性を定めた。しかし、行政訴訟はDALO法が定めた訴訟類型だけでなく、一連の行政行為がすべて対象となることは、パリ行政裁判所2008年5月20日命令を見ても明らかである。このように複雑になった制度全体がどのうように機能するのかは明らかではない。

その2は、今後どれだけアフォーダブルな住宅を、より広範な地域

---

[32] J.O., Assemblée Nationale, Compte rendu intégral, le 23 février 2007, p.1539

において供給することができるかという点にある。91年のLOV以来、社会賃貸住宅の立地が少ない市町村・地区に向けて社会賃貸住宅立地義務は繰り返し法制化されてきたが、実効性に疑いがある。DALO法もこの点について、従来の措置をやや強化して定め、新たな措置を講じたわけではないので、どれだけ新たな力を発揮するか心もとない。

その3は、その2で懸念したように、新たな社会住宅の供給が進まずに、DALO法の規定が運用されると、既存の社会住宅に困窮者がますます入居し、ソーシャル・ミックスとは反対の状況が生ずる。

いずれにしろ、DALO法は、フランスの居住保障立法、都市再生立法の一つの到達点であり、その運用、今後の更なる改正に注目し続ける必要がある。

(2) **日本の住居法との比較**

以上のような特徴を有するDALO法と日本の住居法制の、共通点・相違点を析出すべく比較考察をしたい。

まず、比較考察の前提として、住居法体系の中でフランスにおけるDALO法と同じ位置を占める日本法は、住生活基本法[33]ではなく、住宅セーフティネット法[34]およびホームレス自立支援法[35]であることに注意しなくてはならない。これは「請求可能な『住宅への権利』」の権利者は、国民全体ではなく「品格があり独立した住宅（中略）を自らの資力によって手に入れるかあるいは維持できないすべての人々」（DALO法1条）と定められていることからも明らかである。ボルロー担当相は、権利者の数を「厳密な算定は困難なものの、30万世帯から40万世帯の間であろう」[36]と下院である国民議会で述べ

---

(33) 住生活基本法（平成18年6月8日法律第61号）
(34) 住宅確保要配慮者に対する賃貸住宅の供給の促進に関する法律（平成19年7月6日法律第112号）
(35) ホームレスの自立の支援等に関する特別措置法（平成14年8月7日法律第105号）
(36) Projet d'intervention de Monsieur Jean-Louis BORLOO, Assemblée Nationale, 15 février 2007

ている。

　住居法体系における住宅困窮者、とりわけホームレスの居住の確保の位置づけについて、フランス法と日本法の違いは次のとおりである。フランスのDALO法は、ベッソン法を始めとする困窮者向けの住宅確保法制の中で困窮者側からの住宅請求手続を定めている。これに対して、日本の住生活基本法とホームレス自立支援法・住宅セーフティネット法の関係は、鮮明ではない。住生活基本法は、第6条で「住宅の確保に特に配慮を要する者」に対して、住生活の安定・向上を図る施策の実施を定めている。ただし、この者の範囲は、住生活基本法では「低額所得者、被災者、高齢者、子ども育成する家庭」が例示されているにとどまる。翌年に制定された住宅セーフティネットワーク法の告示[37]で詳しく述べて「ホームレス」を含んでいる。

　この認識を前提として、比較考察を行なうと次の3点の共通点・相違点が認められる。

　まず、第1に、キイヨ法を嚆矢としてDALO法に至るフランスの住居法は、住宅政策の目指すべき目標を「権利」と表現しているのに対し、日本法には「権利」という表現は見られない。

　第2に、その延長で、DALO法は、住宅困窮者への住宅供給の場面で各当事者の役割を明確に定めている。すなわち、国は社会住宅建設資金を供給し、市町村は社会住宅の立地を容認する。社会住宅を建設・供給するのは社会住宅組織であるが、市町村あるいは県の出資を得ている組織が多い。住宅困窮者は「請求できる『住宅への権利』」を行使して入居できる住宅を求め、彼らを支援する民間非営利団体は、場面で住宅困窮者を支援をする。

　これに対し日本法では、ホームレス自立支援法においても、セーフティネット法においても、各当事者の役割がいわば成果目標のような表現で定められているが、個々の具体的役割・義務は同法に定める基本方針・基本計画・実施計画の内容に委ねられているようである

---

[37] 住宅確保要配慮者に対する賃貸住宅の供給の促進に関する基本的な方針（平成19年9月4日国土交通省告示第1165号）

(ホームレス自立支援法 8 条・9 条、セーフティネット法 4 条・9 条)。

第 3 に、DALO 法で定める権利である「請求可能な『住宅への権利』」は、住宅困窮者を権利者とする概念である。

これに対し、日本法のホームレス自立支援法、セーフティネット法ともに、ホームレスならびに住宅困窮者は、政策の客体であって、何らの権利や立場をもたず、法としては行政の手続きを定めただけに留まっている。

住宅困窮者に、裁判上「請求可能」な権利を付与したところにDALO 法の最大の眼目があるとすれば、日本における住居法にとって、この意義を充分に検討することが求められている。

　本章は、平成 16 年- 18 年度日本学術振興会科学研究費補助金「都市計画・都市再生における狭域＝広域ガバナンス関係に関する日仏の比較研究」(課題番号 16610006) の成果の一部である。

フランス DALO 法の内容 （2007 年 3 月 5 日）

（1） 請求可能な『住宅への権利』に関する条項

A．『住宅への権利』に関係する条文 （抄）

1．建設・住居法典

法 300-1 条 （DALO 法第 1 条 2° により新設）

住宅への権利の実施に関する 1990 年 5 月 31 日の法律第 90-449 号第 1 条に言う、品格があり独立した住宅への権利は、手続きに適い、かつ国務院の議を経るデクレが定める恒常的な条件で、フランス国内に居住し、そのような住宅を自らの資力によって手に入れたり、あるいは維持したりできないすべての人々に対して、国が保障する。

この権利は、本条、法 441-2-3 条および法 441-2-3-1 条に定める条件と様式において、調停による請求、次いで必要であれば、訴訟による請求によって行使される。

法 441-2-3 条 （DALO 法第 7 条 1° により修正）

Ⅰ．各県において、2008 年 1 月 1 日までに、県における国の代表（訳注：県行政長官）の下に、県における国の代表が任命する、資質を有する者が議長を務める調停委員会を創設する。

国務院の議を経るデクレによって定められる条件により、調停委員会は以下の者が同数で構成される。

1° 国の代表者
2° 県、法 441-1-1 条の適用による市町村間協力公施設法人、市町村の代表者
3° 当該県で活動している、賃貸住宅供給組織、宿泊施設、臨時の施設あるいは住宅、寮もしくは福祉目的ホテルの代表者
4° 当該県で活動している、借家人団体、目的の一つに困窮者の

社会同化あるいは住宅を掲げる民間非営利組織の代表

Ⅱ．調停委員会は、社会賃貸住宅入居規則条件を満足し、法441-1-4条を適用して定める期間を経過しても住宅の申込みの回答として適切な提案をまったく受取らなかった人すべてから、申立てを受けることができる。

　調停委員会は、住宅の申込み者が、善意で、住宅がない場合、転居先がないのに立退きを迫られている場合、宿泊施設あるいは臨時住宅に一時的に宿泊あるいは居住している場合、住宅に不適切な住戸あるいは不衛生もしくは危険な状態を呈している住戸に居住している場合には、直ちに申立てを受けることができる。同委員会はまた、住宅の申込み者が明らかに過密居住の住戸あるいは品格のある住宅の性格を呈していない住戸に居住している場合に、住宅の申込み者が少なくともひとりの未成年の子供を持っているか、本人が社会施策・家族法典法114条にいうハンディキャップがあるか、または少なくともひとりの被扶養者にこのような障害があるならば、直ちに調停の申立てを受けることができる。

　住宅の申込み者は、困窮者の社会同化または住宅を目的のひとつとする民間非営利組織もしくは社会的排除の状況にある人々の援護の民間非営利組織で、当該県における国の代表から認証された組織によって補佐されることができる。

　同委員会は、申込みを受けた一あるいは複数の賃貸住宅組織から、申込み者の性質に関するすべての情報と提供する物件がないことを説明するために援用された理由を受取る。

　デクレで定める条件において、調停委員会は、同委員会が優先的と承認し、住宅が緊急に割当てられるべきであるとする申込み者を指名する。同委員会は、申込み者ごとに、その需要と支払い能力を考慮しながら、割当てる住宅の性質を決定する。同委員会は、その決定に理由を付して申込み者に書面で通知する。同委員会は、優先的ではないと判断した申込みに対して、どのような方向づけの提案をもすることができる。

第2章　フランス　住宅人権法・DALO法

　調停委員会は、緊急に住宅を割当てなければならない申込み者の一覧表を、県における国の代表に伝達する。

　当該市町村の市長の意見を徴した後、市町村間または県内の集団的合意で定められたソーシャル・ミックスの目標を考慮して、県における国の代表は、申込みに適った住宅を有する賃貸組織を、申込み者ごとに指名する。県における国の代表は、これらの住宅が立地していなければならない範囲を定める。同代表は、賃貸組織が申込み者を入居させるまでの期間を定める。この割当ては、県における国の代表の予約権に繰入れられる。

　県における国の代表は、賃貸人が割当ての特別な条件を負うことを約束するかまたは法321-10条で予め定めている条件で住宅が公共組織あるいは民間組織に対して賃貸されている場合は、法321-8条に記載する協定の対象となっている住宅を、申込み者へ対して提示することもできる。

　住宅の提示を受けた個人は、県における国の代表から、県内の現行の福祉のしくみと組織に関する情報を書面で受取る。

　（後略）
（DALO法第7条2°により修正）
Ⅲ．調停委員会は、宿泊施設、臨時の施設あるいは住宅、寮、もしくは福祉目的のホテルへの入所を求めたが、申込みに対して適切な提示を得られないすべての人も、直ちに申立てを受けることができる。調停委員会は、このような入所が予定されなければならない申込み者の一覧表を、県における国の代表に伝達する。

　デクレで定める期間内に、県における国の代表は、宿泊施設、臨時の施設または住宅、寮、もしくは福祉目的のホテルの場所を、調停委員会によって指名された人に提示する。

　宿泊を提示された人は、県における国の代表から、県内の現行の福祉のしくみと組織に関する情報を書面で受取る。
Ⅳ．調停委員会は、Ⅱで定める条件において住宅の申込みの申立てを受け、同委員会が申込み者を優先されるが住宅を供給することが適切

でないと判断する場合、宿泊施設、臨時の施設または住宅、寮、もしくは福祉目的のホテルへの入所を提示すべきものとして、この申込みを県における国の代表へ伝達する。

（Ⅴ省略）

法 441-2-3-1 条（DALO 法第 9 条Ⅰにより制定）
Ⅰ．調停委員会により優先的で緊急に入居すべきと認められたが、デクレで定める期間内に需要と支払い能力を考慮した住宅の提供を受けなかった申込み者は、住宅または転居を命ずることを求める訴えを行政裁判所へ提起することができる。

申込み者は、県における国の代理人が認証した、困窮者の社会同化または住宅を目的の一つとする民間非営利組織もしくは社会的に排除されている人々の援護の民間非営利組織に補佐されることができる。

この訴えは、法 441-2-3 条第 2 項第 2 項に記載された人は、2008 年 12 月 1 日から提起することができ、同条第 1 項に記載される申込み者には 2012 年 12 月 1 日から提起することができる。

県内に調停委員会が存在しない場合、県における国の代表に申立てをした後、規則で定めた期間内に申込み者の需要と支払い能力に適った提供を受取らなければ、申込み者は前項に記された訴訟を提起することができる。

行政裁判所長官または長官が指名する判事は、提訴から 2 ヵ月以内に緊急に判決する。合議制に送付する場合を除いて、審理は政府委員の結論なしで行なわれる。

行政裁判所長官または長官が指名する判事は、申込みが調停委員会によって優先的と認められかつ緊急に満たされるべきであると認め、申込み者の需要と支払い能力に適った住宅が提供されていないと認める場合、国による申込み者の居住あるいは転居を命じ、それに罰金強制命令を併せて命じることができる。

罰金強制の金額は、申込み者が申立てを行なった調停委員会が位置する地域圏において、法 302-7 条を適用して設立される基金に払い

第2章 フランス 住宅人権法・DALO法

込まれる。

Ⅱ．調停委員会により、優先的で、宿泊施設、臨時住宅、寮または福祉目的のホテルに入所させられるべきと認められながら、デクレで定められる期間内にこれらの施設の一つに入所していない申込み者は、宿泊施設、臨時施設または住宅、寮もしくは福祉目的のホテルへの入所を命ずることを求める訴えを行政裁判所へ提起することができる。

この訴訟は、2008年12月1日から提起することができる。

行政裁判所長官または長官が指名する判事は、提訴から2ヵ月以内に緊急に判決する。合議制に送付する場合を除いて、審理は政府委員の結論なしで行なわれる。

行政裁判所長官または長官が指名する判事は、申込みが調停委員会によって優先的と認められかつ緊急に満たされるべきであると認め、宿泊施設、臨時施設または住宅、寮もしくは福祉目的のホテルが提供されていないと認める場合、国により申込み者の住宅あるいは転居を命じ、それに罰金強制命令を併せて命じることができる。

罰金強制の金額は、申込み者が申立てを行なった調停委員会が位置する地域圏において、法302-7条を適用して設立される基金に払い込まれる。

Ⅲ．行政裁判所がⅠで定める条件で訴訟を受ける場合、裁判所は宿泊施設、臨時施設または住宅、寮もしくは福祉目的のホテルへの入所を命ずることができる。

2．DALO法
第14条

1．実験的にかつ6年の間、固有の税源を有する市町村間協力公施設法人は、建設・住居法典法301-5-1条を適用する協定を国、法人の構成員である市町村および県と協定を結んで、その法人の領域の中において、建設・住居法典第3部巻頭編巻頭章ならびに法441-2-3条および法441-2-3-1条を適用する品格があり独立した住宅を保障する者となることができる。

協定は、市町村間協力公施設法人の長に対して次の事項を移譲することを定める。

　―建設・住居法典法441-1条を適用して、県における国の代表が、その領域の中で有している住宅予約の一部または全部

　―公衆衛生法典法1331-22条から法1331-30条までに定める、不衛生住宅除去手続きおよび鉛対策の実施

　―建設・住居法典法511-1条から法511-6条を適用する、崩壊の恐れのある建物の除去手続きの実施

　―同前法典第6部第4編第1章を適用する徴用手続きの実施

協定は、社会施策・家族法典法121-1条および法121-2条により、県に付与されている社会福祉分野の権限の全部または一部を、市町村間協力公施設法人へ移譲することを定める。

2．協定の期限前6ヵ月の期間内に、政府は、評価報告書を市町村間協力公施設法人および関係地方公共団体の意見を付して、議会に提出する。

B.「住宅供給増加策」に関係する条文
　1．建設・住居法典
法302-5条（DALO法11条により修正）

本節の条項は、国勢調査において、人口1万5,000人を超える市町村を1以上含む人口5万人を超える都市圏内に位置する、イル゠ドゥ゠フランスにおいては人口1,500人以上の市町村、その他の地域圏においては人口3,500人以上の市町村であって、前年1月1日の時点で社会賃貸住宅の数が領域内の主たる住宅総戸数の20％に満たない市町村に対して適用される。過去2回の国勢調査の間で人口が減少した都市圏内にあり、地方住居プログラムに関する権限を有する市街地共同体、都市圏共同体あるいは市町村共同体に属する市町村は、地方住居プログラムが採択され次第、免除される。

2008年1月1日以降、これらの条項は、第1項で定める条件で、人口1万5,000人を超える市町村を1以上含む人口5万人を超える、

固有の税源を有する市町村間協力公施設法人の構成市町村で、イル＝ドゥ＝フランスにおいては人口1,500人以上の市町村、その他の地域圏においては人口3,500人以上の市町村であって、前年1月1日の時点で社会賃貸住宅の数が領域内の主たる住宅総数の20％に満たない市町村に対して適用される。法302-7条に定める課徴金は、2014年1月1日以降、徴収される。

（後略）

法313-20条（DALO法27条Ⅰにより修正）

　法313-19条2°、2° bis および2° terに定める協定の条項は、社員に課される。

　これらの協定の実行のために、社会住宅経済連合は、介入基金、福祉基金および賃貸リスク全般保証基金と名付けられた基金を有する。

（3項から8項まで省略）

　賃貸リスク全般保証基金は、法313-1条gに定める補償金を支払う。同基金は、同条cに定める家賃および管理費の保証金を、賃貸住宅投資、社会住宅の所有権の取得および土地供給を促進することに関する1986年12月23日の法律第86-1290号第41ter条第3項ないし第5項に記載する賃貸セクターの家主で、家賃不払い損害保険に加入していない家主に対して支払うこともできる。

　社員である収集団体の負担金および社会住宅経済連合のすべての資金のほかに、賃貸リスク全般保証基金は、法313-1条gに定める社会的負担を遵守する家賃不払い損害保険契約の申込みを提案する損害保険会社から基金に寄託される保険料あるいは掛金の一部で賄われる。同基金は、国と住宅社会基金の間で締結される協定に定める条件で、国が引受ける賃借人の名義による国の支払金、および地方公共団体あるいはその集団からの自発的な分担金を受領することもできる。

　同連合との協議の後で決せられる国務院の議を経るデクレによって、賃貸リスク全般保証基金の管理と運営の規則が定められる。

　住宅社会経済連合は、同基金の財政上の均衡を保証する。

（後略）

2．社会的統合のプログラム化の 2005 年 1 月 18 日の法律第 2005-32 号

第 87 条（DALO 法第 21 条により修正）

　都市と市街地再開発のための方向付けとプログラム化の 2003 年 8 月 1 日の法律第 2003-710 号第 6 条ないし第 9 条によって定められた市街地再開発全国プログラムを考慮して、2005 年から 2009 年までの間に、以下のプログラムに従って、50 万戸の社会賃貸住宅に投資が行なわれる。

年	2005	2006	2007	2008	2009	合計
社会的利用賃貸融資ならびに同化援助賃貸融資により資金供給される住宅	58,000	63,000	80,000	100,000	100,000	401,000
内　同化援助賃貸融資の最少			20,000	20,000	20,000	
社会賃貸融資により資金供給される住宅	22,000	27,000	27,000	32,000	32,000	140,000
2002 年予算法律（2001 年 12 月 28 日の法律第 2001-1275 号）第 116 条により認証される民間非営利組織によって建設される住宅	10,000	10,000	10,000	10,000	10,000	50,000
合　計	90,000	100,000	117,000	142,000	142,000	591,000

3．住居に関する 1994 年 7 月 21 日の法律第 94-624 号

第 21 条（DALO 法第 2 条により修正）

　ホームレス緊急宿泊プランは、各県において 1994 年 12 月 31 日までに定められる。このプランは、国の代表により、住宅に権限のある

第2章 フランス 住宅人権法・DALO法

地方公共団体およびその集団ならびに関係法人、とりわけ民間非営利組織、家族給付金庫および適正家賃住宅組織とともに作られる。

　県プランは、需要を分析し、人間としての尊厳を尊重する衛生条件および快適条件を示す、提供すべき緊急宿泊施設の量を定める。

　到達すべき宿泊施設の量は、人口5万人を超える市町村間協力公施設法人の構成市町村、および国勢調査で人口5万人を超え、かつ人口1万人を超える市町村を含む都市圏内で人口3,500人を超える市町村においては、人口2,000人あたり少なくとも1人分である。この量は、人口10万人を超える都市圏内に含まれる市町村においては、人口1,000人あたり1人分に引上げられる。

　市町村および住宅に権限のある市町村の集団は、県における国の代表に、第3項を適用する義務遵守の報告書を、毎年伝達する。

　2009年1月1日より、第3項を適用される市町村およびその集団の税源に対する課徴金が、毎年徴収される。

　この課徴金は、第3項を適用する義務に対して不足する、緊急宿泊施設の量に、住民ひとり当たりの租税負担額の2倍の額を乗じた金額とする。

　第1項に記載した者同士で締結される協定は、県プランが予定する措置の実施条件を、毎年、定める。

　本法の公布から2年以内に、政府は、本措置の適用の評価および本措置にもたらされるべき修正があればその修正の報告を、議会に提示する。

4．都市と市街地再開発の方向づけとプログラム化の2003年8月1日の法律2003-710号

第7条（DALO法第18条により修正）

　2004年から2013年の間の予算法律によって定められ、市街地再開発全国プログラムの実施のために、国が与える予算は、60億ユーロ（当時約9,090億円）とされる。この期間中、国の予算はいかなる年も4億6,500万ユーロ（約704億円）を下回ることはできない。この予

算は、予算法律が定める条件で、本法10条で創設される市街地再開発全国事業団に充てられる。

(2) 社会的統合に関する条項に関係する条文

1．社会施策・家族法典

法117-3条（DALO法58条Iにより制定）

出身国におけるかつての移民の家族・社会への再同化援助が創設される。この援助は、国が負担する。

この援助は、ヨーロッパ連合あるいはヨーロッパ経済領域に関する合意の一部の構成国の出身者でない外国人で、適法な資格があり、自分たちだけで暮らしている、下記の者に認められる。

　　—65歳を超えているか、労働ができない場合には60歳を超えている

　　—援助申請の前15年間、フランスに、適法で途切れなく居住していることが証明できる

　　—申請時に、移民労働者寮、あるいは家主が国と締結した協定の枠内で幾つかの義務を果たすことを約束している賃貸住宅に居住している

　　—所得が国務院の議を経るデクレが定める限界を下回っている

　　—出身国に長期間滞在する

金額は、受給者の資産に応じて計算される。年1回支払われ、場合によっては、予算法律案付録の国の経済、社会、および財政の状況および見通しに関する報告書の中で定められる、タバコ以外の価格の変化に応じて毎年見直される。

本援助には、所得税は課されない。

本援助は、役務に求められている条件の一つがもはや満たされないことが明らかになった場合には、打切られる。

援助の支給は、出身国での長期滞在の実行を取止める場合は、いつでも受給者からの要求に基づき打切られる。この援助の至急を取止める場合、受給者はフランス国内の居住に関する権利を回復する。

本援助は、給与と同じ条件と限度において、譲渡および差押さえることができる。

本援助は、外国人および移民労働者受入れ全国事業団によって支給される。

本援助は、あらゆる住宅への個人援助およびあらゆる社会福祉最低保障と併給されない。

本援助は、いかなる場合でも社会保障の給付にはならない。

本援助の受給に課される、居住、住宅、収入および出身国での滞在期間の条件、ならびに援助の計算および支払の様式は、国務院の議を経るデクレによって定められる。とりわけ求められる条件の検査に関するような、他の適用様式はデクレによって定められる。

法232-12条（DALO法51条Ⅱ 2°により修正）

（1項から3項まで省略）

自立支援手当は、本法第Ⅱ部第Ⅵ編第Ⅳ章に定める条件で、一定の住所をもたない人々に支給される。

法264-1条（DALO法51条Ⅰにより修正）

法251-1条に記載する国の医療扶助を除き、法律・規則および協約によって定められる社会給付サービス、ならびに国の身分証明書発行、選挙人名簿への登録、法律扶助を要求するために、一定した住居を有しない人々は、市町村立あるいは市町村連合立社会福祉センターか、この目的で認証された組織の下で住所を選ぶことができる。

法律・規則あるいは協約によって定められる社会給付サービスを給付する権限のある組織は、当該人が住所を選んだ区域を管轄する組織とする。

法232-1条、法245-1条および法262-1条に各々記載される自立支援手当、障害給付および社会同化最小所得の支払県は、当該人が住所を定めた区域を管轄する県とする。

法264-2条

　住所選定は、期間を定めて付与される。これは、当然に更新可能で、法264-5条に記載する条件でしか終了し得ない。

　市町村立あるいは市町村連合立社会福祉センターおよび認証された機関は、期限切れ日を記載した住所選定証明書を、利害関係者に発行する。

　住所選定証明書は、ヨーロッパ連合構成国、ヨーロッパ経済領域あるいはスイス出身でない者で、外国人入国および滞在ならびに難民の権利法典第Ⅲ部第Ⅰ編に定める滞在資格の一つを有しない者には交付してはならない。

法264-3条

　有効期間内の住所選定証明書を所持している限り、一定の住所が欠けていることによって、権利もしくは社会給付の行使、あるいは法律によって保障されている主要なサービス、とりわけ銀行あるいは郵便局に関するものへのアクセスを拒否することはできない。

法264-4条

　市町村立あるいは市町村連合立社会福祉センターが、一定の住所を有しない人々が住所を求める際に、市町村あるいは市町村連合と何らの関わりもないことを理由に住所選定を拒否する場合は、社会福祉センターはその決定理由を明らかにしなければならない。

　県における国の代表は、認証された組織との間で、住所選定活動の費用負担協定を結ぶことができる。

　認証された組織は、認証によって定められた場合しか住所選定を拒否することができない。

　法264-1条に記載する組織が住所選定を拒否する場合、その組織は、当該者をその住所設定を保障できる組織に紹介しなければならない。

法 264-5 条

住所設定を保障する組織は、当該者が、希望する場合、一定の住所を取得する場合、あるいはもはや連絡をしない場合には、住所設定を終える。

法 264-6 条

法 264-1 条に記載された組織に発せられる認証は、県における国の代表によって与えられる。県内各市町村は、県内の認証された組織の一覧表を公衆の閲覧に供する。

法 264-7 条

認証には期限がある。

県における国の代表が定める負担分担を遵守することを約束する組織であれば、県議会議長の意見の基づき、デクレに定められた条件において、とりわけ組織の存在期間と目的を明確にしつつ、すべての組織に認証は与えられる。

この負担分担は、組織が負うべき、とりわけ国、県、社会給付の支払い担当組織に対する情報、評価および管理の義務を定める。

認証のいかなる更新の前にも、負担分担の中で定められた約束に関する認証された組織の活動の評価が実施されなければならない。

認証によって、その数を超えると、組織が新たな選定を受入れる義務を負わない住所選定の数を定めることができる。認証によって、その活動を、ある階層の人々あるいはある社会給付の住所設定に限定することを組織に許可する。後者の場合、組織によって交付される住所選定証明書は、認証に記載される社会給付のアクセスにしか有効でない。

法 264-8 条

法 264-1 条に記載する組織は、住所を選定する人が一定の住所を確かに持たないことを確認する。組織は、住所設定活動を県における

国の代表に定期的に報告する。

法264-9条

法115-4条に記載する報告書は、本章の実施状況と法264-1条に記載する権利へのアクセスの効率性を評価する。

法264-10条

本章は、外国人入国および滞在ならびに難民の権利法典法741-1条が適用される難民資格による滞在を申請している外国人の住所設定手続きには適用されない。

本章の適用条件は、国務院の議を経るデクレによって定められる法264-4条の手続きを除き、デクレによって定められる。

法262-18条（DALO法51条Ⅱ3°により修正）

第Ⅰ部第Ⅱ編第Ⅱ章の諸条項の例外として、手当は申込み者の居住する県によって給付される。

一定の住所を持たない人々は、本部Ⅵ編Ⅳ章で定める条件で住所を選定しなくてはならない。

2．社会保障法典

法131-6条（DALO法53条Ⅰにより修正）

（1項から3項省略）

負担金は年次算定基礎に基づいて作られる。負担金は、2年前の職業所得あるいは概算所得の比率で、暫定的に計算される。職業所得が確定してわかった時に、負担金は精算の対象となる。

（5項・6項省略）

第4項および第6項の例外として、租税一般法典50-0条および102ter条で定められた制度を享受できる給与所得者でない勤労者は、職業を始めた年およびそれに続く2年間については、支払わなければならない社会保障の負担金および拠出金の総額は、本法典131-6-2

第2章　フランス　住宅人権法・DALO法

条が適用される部分を、前四半期にじっさいに得られた売上高あるいは非商業的所得の額に適用して、四半期ごとに計算する。この制度は、期間中に前記の租税一般法典の条文が定める売上高あるいは収入額上限を超える年にも適用される。

法131-6-1条（DALO法53条Ⅱにより修正）

　法131-6条第4項および第6項、法136-3条ならびに労働法典法953-1条第4項の例外として、かつ、給与所得者でない勤労者の請求により本法典法131-6条最終項が適用されない場合、給与を得ない職業の開始から12ヵ月の間は、暫定的にしろ確定的にしろ、いかなる負担金あるいは拠出金も求められない。

（後略）

法131-6-2条（DALO法53条Ⅲにより制定）

　租税一般法典50-0条および102ter条が適用される制度に基づいて課せられる、給与所得者でも農業所得者でもない勤労者に適用される社会保障の義務的な負担金は、支払わなければならない社会保障の負担金あるいは拠出金総額と売上高あるいは非商業的所得の部分の差額が正の場合、その額については免除の対象となる。

　デクレによって、同じく50-0条および102ter条による同一の税控除額に依拠する職業区分に適用される部分を定める。さまざまな職業区分に適用される部分は、企業の売上高が、各関係職業において、同じく50-0条および102ter条によって定められた上限に等しい額に達する場合には、いかなる免除もないことの結果として、定められる。

　本条は、給与所得者でも農業所得者でもない勤労者が、本法典法161-1-1条第1項、法161-1-2条、法161-1-3条、法756-2条および法756-5条第2項、ならびに都市振興契約の実施に関する1996年11月14日の法律第96-987号第14条および2002年の予算法律（2001年12月28日の法律第2001-1275号）第146条に記載される免除を享受している場合には適用されない。

法 133-6-2 条（DALO 法 53 条Ⅳにより修正）

（1項2項省略）

第1項の例外として、法 131-6 条最終項に依拠する自営勤労者は、自営業者社会制度の下での所得申告を免除される。デクレによって、適用される固有の申告が定められる。

法 136-3 条（DALO 法 53 条Ⅴにより修正）

（1項2項省略）

拠出金は、年次算定基礎に基づいて作られる。負担金は、支払い義務のある年の2年前の職業所得に基づいて、暫定的に計算される。職業所得が確定してわかった時に、拠出金は精算の対象となる。

（4項から6項省略）

第3項および第4項の例外として、法 136-1 条最終項は、雇用者あるいは自営勤労者が本項に定める選択を行使する場合に適用される。

法 161-2-1 条（DALO 法 51 条Ⅲにより修正）

（1項および2項省略）

一定の住所を持たない人々は、社会施策・家族法典第Ⅱ部第Ⅵ編第Ⅳ章に定める条件で住所を選定しなければならない。当該者の手続きを簡素にするために、当該社会保障組織および県は、同法典 264-2 条に記載する、住所選定証明書の割当てあるいは引出し決定の認証された組織から、デクレで定める条件で情報を得る

（後略）

法 241-3 条（DALO 法 53 条Ⅶにより修正）

（1項ないし4項省略）

最大 0.281 のこの指数は、労働法典法 620-10 条の意味する 19 人以下の給与所得者を有する、労働法典法 127-1 条が適用される雇用者集団の構成企業のもっぱら指揮下にある給与所得者のために、この集団に適用される。

第 2 章　フランス　住宅人権法・DALO 法

3．選挙法典

法 15-1 条（DALO 法 51 条Ⅳにより修正）

　住所あるいは居所証明を提出することができない市民で、法律が関係市町村を定めていない者は、以下のいずれかで、社会施策・家族法典法 264-6 条および法 264-7 条に定める条件で認証された受入れ組織が位置する市町村の選挙人名簿に、請求により登録されることができる。

　　―その所在地が国民身分証明書に少なくとも 6 ヵ月前から記されているか

　　―あるいは、少なくとも 6 ヵ月前から、当該者と組織の関係が構築されていることの同法典法 264-2 条に記載される証明書を当該者に交付している。

4．社会福祉の現代化に関する 2002 年 1 月 17 日の法律第 2002-73 号

79 条（DALO 法 51 条Ⅴにより修正）

　巡業実施および一定の住所がなく定まった居所もなくフランスを巡回する人々に適用される制度に関する 1969 年 1 月 3 日の法律 69-3 号第 10 条の諸条項の例外として、前記の法律が適用される人々は、希望すれば、社会施策・家族法典第Ⅱ部第Ⅵ編第Ⅳ章に定める条件で、同法典法 264-1 条第 1 項に記載される社会給付を受けるために、住所を選定することができる。

5．法律扶助に関する 1991 年 7 月 10 日の法律第 91-647 号

13 条（DALO 法 51 条Ⅵにより修正）

（1 項から 6 項まで省略）

　申込み者は、その住所の場所の事務所に請求を届け出ることができる。住所を持っていない場合、申込み者は、社会施策・家族法典第Ⅱ部第Ⅵ編第Ⅳ章に定める条件で住所選定証明書を発行する組織が位置する場所の裁判所の所在地に設けられた法律扶助事務所へ、請求を届

けることができる。法律扶助手続きの必要のために、申込み者は、上記受入れ組織に住所を置いているとみなされる。

6．租税一般法典

199 sexdecies 条（DALO 法 60 条により修正）

　1．4B 条の意味におけるフランスに住所をもつ納税者によって支払われる金額が、さまざまな範疇の所得の評価の計算に入らない場合、以下の援助への権利が生ずる。

　（a）省略）

　　b）国によって発行された認証を受けかつ a）に記載された役務を提供する、民間非営利組織、企業あるいは組織への依頼

（以下 c）から 3 まで省略）

　4．援助は、労働法典 D. 129-35 条で定める役務の資格で本条 3 に記載する支出で、住居での雇用の形式かもしくは 1.b あるいは c に記載された民間非営利組織、企業、あるいは組織に頼る場合に負担した支出の 50 ％に等しい所得に対する戻し税の形式を取る。

　a）独身、配偶者と死別、あるいは離婚した納税者が、職業を営み、あるいは支出支払いの年に少なくとも 3 ヵ月間継続して労働法典法 311-5 条で定める求職者一覧に記入されている

　b）共通課税に服する、結婚あるいは民事連帯契約を締結した人々で、前項で課した条件のどちらか一方をふたりとも満たす人々

　（c）から 5 a）省略)

　5

　c）1 人の卑属の住居でこれらの費用を支払った、4 に記載された人々

7．労働法典

法 129-3 条（DALO 法 60 条Ⅱにより修正）

　国によって認証された民間非営利組織あるいは企業による人に対する法 129-1 条に記載するサービスの供給は、租税一般法典第 279 条 i

に定める付加価値税の軽減税率の享受の他に、同法典 199 sexdecies 条に定める援助を得る権利を開く。

法 129-15 条（DALO 法 60 条 II により修正）
　法 129-13 条に記載する財政上の援助は、その受給者の所得税から控除される。その援助は、租税一般法典 199 sexdecies 条に記載された援助の基礎のために計算すべき支出額に含まれない。

（寺尾仁）

第3章　韓国　住宅法

I　住宅法制定の背景

1　住宅法制定の目的

韓国の住宅法は、快適な住居生活に必要な住宅の建設・供給・管理と、そのための資金の調達・運営などに関する事項を定め、国民の住まいの安定と、住まいの水準の向上に貢献する目的で制定された（住宅法第1条）。

居住とは人間の最も基本的な行為の一つであり、住宅は安定した居住を保障する空間といえる。住宅は人間になくてはならない生活空間であると同時に休息空間であり、個人が家族や隣人、ひいては地域社会と関係を結ぶ社会活動の基盤となる空間であり、情緒上からも生活の重要な要素と認められる（チョン・テヨン、2007）。

韓国の憲法は、国民の居住権・環境権について規定している。すなわち大韓民国憲法第2章は、国民の権利と義務に関する内容で構成されているが、中でも第35条は、国民が生活する上で必要な環境と住居に関する権利について規定している。特に第3項の「国家は、住宅開発政策などを通して、すべての国民が快適な住居生活を送れるよう努力しなければならない」という条項は、国民の生活における住宅の大切さを強調し、国家が国民の快適な生活のために積極的な政策を遂行すべきことを規定している[1]。

住宅法によれば、住宅とは世帯の世帯員が長期間独立した居住生活

（1）　この他にも、憲法第10条の「すべての国民は、人間としての尊厳と価値を有し、幸福を追求する権利を持つ」、憲法第16条の「すべての国民は居住の自由を侵害されない。住居の押収や捜索を行う時には、検事の申請によって司法官が発行する令状を提示しなければならない」という規定も、居住権の根拠を規定するものとみることが

を営むことができる構造になった建築物の、全部または一部、およびそれに付属する土地をいい、単独住宅と共同住宅に区分される（住宅法第2条第1号）。このような住宅の機能としては、第一に物理的な避難所（shelter）としての家（house）[2]、つまり雨・風・寒暑などの自然界の悪条件から人間を保護するという最も基礎的な機能がある。第二に、プライバシーの場（place of privacy）としての住居（housing）であり、住宅には、社会生活によって形成された特殊な人間関係の単位である家族（household）が私生活を保障される空間的機能がある。第三に、経済社会的立場（location）としての住居（housing）であり、住宅の位置如何によって近隣、職場、文化施設との距離や関係が変動し、家族の社会経済環境の中における相対的な地位を決定する機能がある。第四に、財産（property）としての住宅はそれ自体が安定的な投資手段であり、財産としての機能を果たす（建設交通部、2007、クォン・テジュン、1985、ファン・ミョンチャン、1985）。これによって、住宅法と住宅関連法規における住宅政策の目標は、すべての国民に最小限の居住福祉を保障することにあり（イ・チャンソク、2002）、最小限の居住福祉は国民が安心して暮らすのに必要な住宅の不足を解消し、住居を堅固に建設して安全性を高め、都市計画などの計画的基盤に立脚して、交通問題・環境問題などの住居環境をも勘案したコミュニティを開発し、自力で財産を蓄積するのが困難な疎外された階層に対する支援と、景気変動に対応して一定の水準の住宅投資を維持することなどを意味する[3]。

できる。
(2) 英語では、居住を目的とする house と housing を区別する学者もいる。housing の概念に建設の過程に現れる一連の行為や、家庭をも含める論者（Tuner）もいれば、より積極的に居住の概念の一部までも含める論者（Habraken）もいる。韓国では一般的に、二つの概念は共に「住宅（Jutae、주택）」という用語に訳される。（ユン・ヘジョンほか、2003）
(3) 韓国の場合、国家が国民の居住福祉を改善するために住宅市場に積極的に介入を試みるのは、住宅200万戸建設計画以後のこととといえる。1988年から推進された住宅200万戸建設を基点として、韓国社会は、居住不安の時代から居住安定の時代へと転換し、住宅200万戸建設計画以後の韓国社会の所得水準を勘案した住宅関連プログラ

2　住宅法制定の過程

住宅法は、韓国における住宅問題に対する認識と政策の焦点が、建設の促進から住居の質と福祉水準の向上へと転換したことをうけて、2003年5月29日に「住宅建設促進法」を全面改訂して、法律名を「住宅法」と変更して制定された。

住宅法以前の住宅関連法規としては、1963年11月30日に制定された、地方自治体と大韓住宅公社が建設する公営住宅を支援するための「共用住宅法[4]」が存在したが、1972年12月30日に、住宅に対する投資を拡大して住宅建設を促進するため、1963年制定の「公営住宅法」を廃止して、この住宅建設促進法が制定された。

住宅の大量供給を通して国民の居住生活を安定させるために、特別法として制定された住宅建設促進法は、1970年代初期の住宅普及率が74.5％の水準だった時代に制定された。1960年代の住宅事情は、世帯数419万8,000千世帯、世帯員数5.71人、住宅数は346万4,000千戸であり、約73万4,000戸 (17.5%) の住宅不足率を示していた。このような住宅事情が71年の末になると、人口増、世帯増にともない60年度の住宅不足数の倍近い、約126万2,000戸の不足 (22.2%) を示した。

人口の増加と核家族化による住宅需要がしだいに増加していたにもかかわらず、所得水準の低迷により民間部門の建設が不振だったうえ、政府も基幹産業施設にのみ重点投資して、住宅建設投資が新規需要をさえ満たしていないことが原因であった。また、無住宅世帯の大部分が都市に集中し、その70％以上が月に3万6,000ウォン以下の低所得であり、住宅がある世帯もその64.8％が15坪未満の住宅に暮らしていた。60年代の世帯員数5.33の1人当たりの居住適正水準面積15

　　ムが本格的に導入され始めたからである。（カン・パルムン、2003）
（4）　地方自治団体と大韓住宅公社が公営住宅を建設する時には、産業計画の認可をうけることとし、政府は地方自治団体と大韓住宅公社に長期低利で住宅建設資金を貸し付けることができる。

〜16㎡を基準とすれば、この適正規模の住宅に住む世帯は全世帯の20%にも満たなかった。

政府の主要施策として、このように低い水準にとどまっている住宅問題を解決するために、量的に需要を充足するにとどまらず、住宅政策に今まで考慮されてこなかった住居の適正標準面積を設定して、これに近接させる試みが盛られた。これが住宅建設促進法の特徴であり、韓国の経済水準が発展したことの現れといえよう（ハン・キュボン、1973）。制定当時の住宅建設促進法の主な内容には、国民住宅[5]資金の構成と運営、国民住宅の主要構造部用の資材の品質向上、国民住宅の一戸当たり規模、支給対象者の範囲と選定方法、企業家の社員住宅の建設勧奨などに関する事項などがある。

住宅建設促進法はこれまで、住宅の大量建設および供給を通して、住宅普及率を現在の100%以上に引き上げるのに大きく寄与してきた[6]。住宅普及率の上昇により、過去の供給中心の住宅政策を脱して、無住宅者・低所得層などの社会的弱者のための居住福祉政策、すなわち住居水準の向上、および在庫住宅の効率的な維持・管理へと政策目標が切り替えられた。廃止された住宅建設促進法は、既存の共同住宅の管理に関する大部分の事項を、法律による特別な委任の根拠のない「共同住宅管理令」という大統領令により運営され、共同住宅の管理主体と維持管理費用および特別修繕公納金の積立およびその使用などの規定が不透明である点、国家の居住権実現が明確でない点などの問題点が指摘された（オ・チュングン、2002）。そこで、社会で次第に増加している居住福祉改善への要求と支持を受け、住居の質と参加志向的な居住福祉政策を拡大する必要から、住宅建設促進法を「住宅法」へと全面改訂した。住宅法では、国民の住居生活を改善する住宅総合計画を樹立し、また最低住居基準の設定根拠を設けて、短期的に

（5）　住宅建設推進法によって積み立てられる資金で建設される住宅（旧住宅銀行の民営住宅は含まれない）

（6）　国家記録ポータル：http://contents.archives.go.kr/next/content/listSubjectDescription.do?id=001393

は市場より疎外された階層に対する最低住居水準を保障し、長期的には制度化された住居福祉のモデルとなることを目指すことになった（カン・パルムン、2003）。

3 住宅法の体系と内容

(1) 住宅関連法令体系図

大韓民国の住宅関連法令体系図は、図の通りである。憲法の国民生

住宅関連法令体系図

区分			内容
憲 法			国民生活権の保障、国家の住宅開発政策
国土基本法			国土総合計画
	首都圏整備計画		首都圏整備計画　首都圏土地利用
国土の計画および利用に関する法／都市計画法			国土利用計画（非都市地域の土地利用および用途地域） 都市計画（都市地域の土地利用および用途地域）
住 宅 法	宅 地 開 発		土地開発促進法：公営開発事業 土地区画整理事業法：土地区画整理事業 都市計画法：形質変更、一旦の住宅地造成事業 住宅法：土地造成事業
	住 宅 建 設		住宅法：住宅建設計画、住宅事業者制度、住宅建設基準 国民賃貸住宅建設特別措置法：国民賃貸住宅、宅地確保手続きの改善など建設支援事業 賃貸住宅法：賃貸住宅建設、賃貸住宅事業者 建設業法：建設業免許 国土の計画および利用に関する法：地区単位計画 農漁村整備法：農漁村住宅建設事業
	住 宅 供 給		住宅法：請約制度、分譲住宅、組合住宅の供給（住宅供給に関する規則） 賃貸住宅法：賃貸住宅の供給
	住宅管理および消費者保護		住宅賃貸借保護法：賃借権保護、賃貸料規制 住宅法：分譲権転売、共通住宅管理、瑕疵補修（共同住宅管理令）、工事の監督、住宅の保障 賃貸住宅法：賃借権の保護、賃貸料の規制 集合建築の所有および管理に関する法律：集合住宅管理
	再開発・再建設住居環境改善		都市および居住環境整備法：再建築事業、再開発事業、住居環境改善事業 農漁村整備法：農漁村住宅地開発事業
支 援	住 宅 金 融		住宅法：国民住宅基金の確保・運営 勤労者住居安定と大金準備支援関連法律：住宅資金償還額・税額控除、住宅信用金融保障 住宅抵当債権流通化に関する法律：住宅抵当券の発行
	租 税		租税特例制限法 地方税法 所得税法、付加価値税法

出典：建設交通部、2004、住宅業務便覧

活権の保障と、国家の住宅開発政策の義務を頂点として「国土基本法」「国土の計画および利用に関する法」と「都市計画法」および住宅法、支援法令によって構成されている。

現行の大韓民国の住宅関連法体系は住宅公法と住宅私法に分けられる[7]。住宅私法は住宅を含む不動産の売買と賃貸借を規定する民法のほか、民法の特別法として住宅賃貸人の保護のための「住宅賃貸借保護法」などがある。住宅公法は住宅法という単一の法律のほかに「賃貸住宅法」「国民賃貸住宅建設などに関する特別措置法」「都市および住居環境整備法」「宅地開発促進法」などの直接的な住宅関連法令のほかに「不動産価格の公示および鑑定評価に関する法律」「総合不動産税法」などの住宅関連税法と「国土計画法」、そして「国土の計画および利用に関する法律」などが間接的に係わっている。この他にも、韓国住宅金融公社が住宅を担保として低金利で庶民の住宅資金を融資することを定めている「韓国住宅金融公社法」も、住宅関連法制として重要な意味を持っている（キム・スガプ他、2006）。

(2) 住宅法の下位法令

住宅法の下位法令は以下の通りである。法律の下位法令は施行令と施行規則で構成されるのが一般的であり、住宅法の場合には施行令および施行規則のほか、大統領令2本と建設交通部令4本がある。

1）「住宅法施行令」（大統領令）、「住宅法施行規則」（建設交通部令）
2）「住宅建設規準などに関する規定」（大統領令）、「住宅建設基準などに関する規定」（建設交通部令）
3）「住宅供給に関する規則」（建設交通部令）、「共同住宅分譲価格の算定などに関する規則」（建設交通部令）

（7）住宅関連法制を住宅の建設と供給および管理に関する法制、住宅立地と関連した国土計画法制、建築・建設および安全に関する法制、環境および住宅福祉に関する法制、不動産売買及び賃貸借関連法制、不動産金融関連法制、不動産税制関連法制などに区分する方法もある（オ・チュングン、2003）

そして以上の法令の他、次のように分野ごとに様々な訓令・告示および指針が出されている。

1）最低住居基準（建設交通部告示）
2）住宅組合などについての住宅規模別供給割合に関する指針（建設交通部告示）、共同住宅などから離して建設すべき工場業種（建設交通部告示）、共同住宅の騒音測定基準（建設交通部告示）、共同住宅の床衝撃音遮断構造認定および管理基準（建設交通部告示）
3）住宅の設計図書作成基準（建設交通部告示）
4）住宅建設工事監督者指定基準（建設交通部告示）、住宅建設工事監督者指定基準業務処理指針（建設交通部指針）、住宅建設工事監督用役標準契約書（建設交通部指針）、住宅建設工事監督業務細部基準（建設交通部告示）
5）分譲価格上限制適用住宅の共同住宅建設工事費指数（建設交通部告示）、市郡区別基本形建築費算定のための主要資材別基準単価告示（建設交通部告示）、分譲価格上限制適用住宅の基本形建築費および加算費用（建設交通部告示）、分譲価格上限制適用住宅の鑑定評価機関一人選定基準（建設交通部告示）、住宅品質向上に伴う加算費用基準の告示（建設交通部告示）、共同住宅分譲価格の算定などに関する施行指針（建設交通部指針）
6）モデル住宅建築基準（建設交通部告示）、サイバー見本住宅の運用基準（建設交通部告示）
7）勤労者住宅供給および管理規定（建設交通部訓令）、子女三人以上無住宅世帯主に対する住宅特別供給運営指針（建設交通部指針）、入居者事前点検運営要領（建設交通部告示）、第二種国民債券入札制度施行指針（建設交通部訓令）
8）国民住宅基金運営および管理規定（建設交通部訓令）、国民住宅基金余裕資金運営指針（建設交通部訓令）
9）住宅性能等級認定および管理基準（建設交通部告示）

10）住宅取引業務処理指針（建設交通部告示）

　住宅関連所管の法律のうち「宅地開発促進法」では住宅建設地を大規模に造成する場合、住宅法の土地造成事業によらず、「宅地開発促進法」の宅地開発事業を遂行できるようになっており[8]、「宅地開発促進法」によって宅地開発事業実施計画の承認を受けた場合には住宅法による事業計画の承認を受けたとみなされ（宅地開発促進法第11条第1項）、その範囲中で住宅建設基準などに関する規定の土地造成に関する基準が適用される。宅地開発事業によって造成された宅地に住宅を建設・供給する場合には住宅法が適用される。

　「賃貸住宅法」に賃貸住宅の建設・供給および管理について定められていない事項については住宅法が適用される。「国民賃貸住宅建設などに関する特別措置法」は、時間がかかる国民賃貸住宅用宅地の確保期間を短縮し、環境破壊を最小化して、入居後に不渡りになった賃貸住宅を国民賃貸住宅として活用できる根拠を用意し、国民賃貸住宅の建設を促進するために制定された。

　古い建築物の解体や空地にアパートを建てる行為は現在、住宅法と「都市および住居環境整備法」によって規定されている。民営アパートと地域、職場組合による共同住宅の建設は住宅法によってなされ、住居環境改善事業、住宅再開発事業、住宅再建築事業、都市環境整備事業は「都市整備法」によって行われる。

　住宅法による土地造成事業と住宅建設事業のうち、共同住宅団地には道路、駐車場、商店などの附帯施設が含まれ、場合によっては鉄道・学校などの公共施設の用地も含まれる。施設が都市計画施設に該当する場合には、国土の計画および利用に関する法律による都市計画施設決定の手続きと、都市計画施設事業の実施計画の認可手続きを踏まなければならない。だが、住宅法による事業計画が承認されれば、

（8）　事業施行者が公共事業者中心になっており、開発利益の私有化を防ぐことができ、事業施行手続きが「住宅法」の土地造成事業に比べて施工者に便利になっているため、しばしば遂行された。（チョン・テヨン、2007）

住宅法のみなし条項によって、国土計画法上、開発行為の許可が下りたものとみなされる。

　住宅法による事業は、① 土地を造成する事業、② 土地を造成して住宅を建設する事業、③ すでに造成された土地に住宅を建設する事業の三つの類型に分けられる。①のように、単に土地だけを造成する土地造成事業の場合には「建築法」とは何ら関係がない。しかし②と③のような住宅建設事業の場合には、「建築法」との関連が生じてくる。「建築法」が個別建築物の建築行為を建築技術的側面から規定しているのに比べ、住宅法は住宅の集団的な建設を対象にしているだけでなく、さらに踏み込んで住宅の供給と管理までを対象としている。住宅建設基準の具体的な内容は「住宅建設基準などに関する規定」で定められているが、一般的には「住宅建設基準などに関する規定」で、「建築法」にもとづく建築基準以外の住宅の集団建設に必要な基準を追加で定めている。したがって住宅法にもとづいて建設される住宅については「住宅建設基準などに関する規定」に基づく住宅建設基準と、「建築法」による建築基準が共に適用される。だが住宅法による事業計画の承認を受ければ、「建築法」による建築許可を受けたものとみなされるため、事業計画の承認手続き以外の「建築法」にもとづく建築許可手続きを別途行う必要はない。

　住宅法にもとづいて建設・供給された住宅についても、「建築法」の建築物の維持管理に関する規定は当然適用されるが、住宅法はもう一歩踏み込んで、個別住宅の管理でなく集団住宅団地の管理であるという点から、管理主体、管理方法、管理機構などの必要事項をより多く定めている（チョン・テヨン、2007）。

(3) 住宅法の内容
　住宅法は以下の11章121条および付則からなる。
1) 第1章　総則（§1～§6）：目的、定義、国家および地方自治体の義務、最低住居基準
2) 第2章　住宅総合計画の樹立など（§7～§8）

3）第3章　住宅の建設など（§9～§37）：住宅建設の事業登録、住宅組合、事業計画の承認、売譲請求、住宅建設基準、住宅性能等級の表示、住宅の設計・施工および監督、幹線施設の設置、土地などの収用、使用検査、公共施設の帰属、工業化住宅
4）第4章　住宅の供給（§38～§41）：分譲価格制限、モデル住宅、土地賃貸つき分譲住宅、還売条件つき分譲住宅、供給秩序撹乱の禁止、抵当権設定制限、投機過熱地区の指定、住宅転売制限住宅公営開発地区の指定
5）第5章　住宅の管理（§42～§59）：管理主体、共同住宅管理規約、管理費、瑕疵補修、長期修繕計画、共同住宅リモデリング、安全管理、長期修繕充当金、共同住宅管理紛争調停委員会、住宅管理業、住宅管理士
6）第6章　住宅資金（§69～§80）：国民住宅基金、国民住宅債款、住宅償還ローン、国民住宅事業特別会計、入居者貯蓄、住宅保証
7）第7章　住宅の取引（§80の2～§80の3）：住宅取引申告地域の指定および解除、住宅取引の申告
8）第8章　協会（§81～§83）：協会の設立、共済事業
9）第9章　住宅政策審議委員会（§84～§85）
10）第10章　補則（§86～§93）：住宅政策関連資料の総合管理、権限の委任・委託、登録証の貸与禁止、報告・検査、指導・監督、聴聞
11）第11章　罰則（§94～§102）：罰則、両罰規定、罰金、罰則適用における公務員擬制
12）付則

　1972年の住宅建設促進法の制定の時からも住宅の建設・供給および管理の全段階にわたって幅広く規制してきたが、住宅法により2003年に住宅取引申告制が導入され、規制範囲がさらに拡大された（チョン・テヨン、2007）。

Ⅱ 住宅法の変遷と住宅政策

1 住宅法の主要内容の変遷

(1) 住宅建設促進法の主要改定事項[9]

住宅建設促進法は、経済発展による国民の経済水準の向上に相応して居住水準をも向上させるため、住宅建設10ヶ年計画の法的手段を確保すべく、1972年12月30日に「公営住宅法」を廃止して制定されたものである。当時の主な内容は、無住宅国民に計画的に住宅を供給することと、そのための資金調達、運用および住宅用建築材料の生産・供給に関する事項の規定などである。

住宅建設促進法は、1972年の制定以後、2003年5月29日に住宅法に全面改正されるまで、全部で39回の改正があった。以下は住宅建設促進法が住宅法に全面改正される間の主な改正内容である。

1975年12月31日の改正では、1981年までに208万7,000戸を建設するという政策目標の達成に支障がないようにするため、国家・地方自治体およびその他の事業者に、政府の住宅政策および長期建設計画に立脚した長・短期住宅建設計画を立てさせ、事業計画の承認をもって建築法による建築許可、都市計画法による許可、および一団の住宅地造成事業の都市計画の決定に替えることで、行政手続きを大幅に簡素化した。

1977年12月31日の改正では、住宅建設総合計画の樹立、およびその他の重要事項を審議する住宅政策審議委員会を設置し、住宅建設事業者登録制とアパート地区開発制度を導入した。またアパート地区内の土地に対して基準地代を公示して、大韓住宅公社または指定業者に、住宅に引き替えられる社債を発行させることにした。

78年には賃貸住宅の又貸し制限から、賃貸の可否にかかわらず国

---

(9) イム・ソファン (임서환)、2005、『주택정책 반세기』付録。チャン・テヨン (장태영)、『주택법』、2007、参照。

民住宅の転売を制限している。

　1981年4月7日の改正では、国民住宅の建設を促進するために必要な住宅資金調達財源を拡大し、資金を効率的に運用するために国民住宅基金制度を新設して、国民住宅基金は国民住宅の建設および宅地の開発など住宅建設事業に関連する事業に限って運用するよう用途を制限した。

　1987年12月4日の改正では、これまで住宅組合を都市再開発区域内の無住宅住民と、同一職場内の無住宅勤労者に限って設立できるようにしていたのを、都市再開発区域外の地域の無住宅住民も住宅組合を設立できるように設立要件を緩和し、既存の老朽・不良住宅を撤去して、その土地の上に新しい住宅を建設する場合にも住宅組合を設立できるようにして、雇用者が無住宅勤労者のために住宅を建設する場合、住宅組合または雇用者と住宅建設登録業者が共同で事業を施行するようにした。

　1992年12月8日の改正では、住宅200万戸建設事業[10]によって住宅価格の安定を維持していたものの、未だ不健全な住宅売買が根本的に解消されなかったため、民営住宅に対して一定期間転売・又貸しや入居や貯蓄証書の譲渡などを禁止して住宅を利用した投機行為を防止し、実需要者中心の住宅供給を確立する一方、住宅事業者で構成される協会および住宅事業共済組合を設立するようにして、住宅事業の専門化と住宅産業の健全な発展をはかった。

　1994年1月7日の改正では、共同住宅の主要構造部に対する過失報償責任期間を3年から10年に延長した。当時発生した聖水大橋（1994年10月21日）と三豊百貨店（1995年6月29日）の崩壊事故のような建築施設物による大型事故の原因となった欠陥工事に対する制裁が大幅に強化された。1995年12月30日には、共同住宅の設計施工や監督で手抜きをして死傷者が発生した場合には厳罰に処するよう

---

(10)　盧泰愚政権時代、盆唐（ブンタン）、一山（イルサン）などの五ヶ所の新都市に住宅200万戸を建設した事業。

第 3 章　韓国　住宅法

にした。

　1997 年 12 月 13 日の改正では、老朽・不良住宅に対する画期的な居住環境の改善と不良市街地の再整備のために、再建築事業の公共性を確保して無分別な再建築を防止する規定を設けた。

　1999 年 2 月 8 日の改正では、住宅建設地に対しては制限物権や差押え、仮差押え、仮処分などの対象にすることができない旨を付記するなどし、住宅投機の防止が中心になっている住宅関連規制を大幅に廃止または緩和する意味で、指定業者制度を廃止した（法 18 条削除）。事前決定制度（法 32 項の 4）と転売制限制度を廃止した（法 38 条の 3）。

　2002 年 8 月 26 日の改正では投機過熱地区制度を新設して、投機過熱地区内の住宅の転売を制限し、投機過熱地区内の住商複合建築物などを分譲する時にも住宅分譲手続きに従うようにした。

　また同年 12 月 30 日には「都市および住居環境整備法」が制定され、住宅建設促進法の再建築に関する部分が規定された。

(2) 住宅法の改定事項

　その後 2003 年 5 月に住宅建設促進法が住宅法に全面改正されたわけである。改正の主要目的は、供給中心の政策によって、ある程度住宅供給が容易になり、次第に住居水準において量より質と福祉水準へと認識が変化したため、それに応じて、これまでの住宅建設促進法に代わる法的根拠を設けることにあった。主な内容は、国家は国民の快適で住みやすい居住生活のために努力し、低所得者・無住宅者などの社会的弱者に住宅が優先的に供給されるよう配慮するなど、国家および地方自治体の義務（法 3 条）を明示し、建設交通部長官は住宅建設・居住福祉・住居環境および住宅管理などの内容を含んだ住宅総合計画を樹立・施行すべきことを定めた（法 7 条）。またリモデリングを推進するための基準・手続きなどを規定して、国民住宅のリモデリングについては国民住宅基金で支援するための法的根拠を設け（法 42 条および第 63 条）、共同住宅の管理を強化するために、大統領令（共

同住宅管理令）によって運営されていた公共住宅管理規約・長期修繕計画・安全管理計画・安全教育・安全点検などに関する事項のうち、主要事項を法律で直接規定した（法44条・第47条・第49条および第50条）。

　住宅法は制定後、今日までに何回も改正が行われているが、うち主な改正点を見てみると、2003年7月25日の改正では、最低居住基準制度（法5条の2、第1項および第2項新設）を導入し、公庫、国家または地方自治体は、最低住居基準に達しない世帯に住宅を優先的に供給したり、国民住宅基金を支援する（法5条の3、第1項新設）。建設交通部長官または地方自治体の長が、最低住居基準に達しない世帯の密集地域に優先的に賃貸住宅を建設するなど、住居環境整備事業の施行に必要な措置（法5条の3第4項新設）をとれるようにした。

　2005年1月8日の改正では、分譲価格自律化以後の分譲価格上昇と不動産投機の過熱にともない、公共住宅地に建設される85平方メートル以下の住宅に対する分譲価格の上限を規制すると共に転売を制限し、85平方メートルを超過する共同住宅を建設するために公共宅地を供給された者は国民住宅債券を購入させ、住宅性能等級制を導入した。

　2005年5月26日の改正では、共同住宅の瑕疵担保責任期間を、内力構造部別および施設工事別に10年以内の範囲で合理的に決定するようにし、瑕疵担保責任期間に発生した責任範囲について事業主体、設計者または監督者の間に紛争が発生した場合には、建築紛争調停委員会で調整するようにした。

　2007年1月11日の改正では、地区単位計画の決定が必要な住宅建設事業について、事業計画の承認を受けるための土地確保義務割合を90％以上から80％以上に緩和し、いわゆる"アルバッキ[11]"を阻止するため、事業主体の売り渡し請求の対象から除外される土地の範囲を「3年以上前から所有している土地」から「10年以上前から所有

---

(11) アルバッキについては125ページ（Ⅳ-1-(3)「住宅供給の効率性確保」）を参照のこと。

している土地」へと拡大した。

2007年4月20日の改正では、新規分譲共同住宅の分譲価格引き下げと透明な分譲価格策定のために、既に公共宅地で施行していた分譲価格上限制および分譲価格公示を公共宅地以外の宅地にも拡大した。また事業者が「宅地開発促進法」によって造成された宅地の供給をうけながら宅地に使用せずに転売した場合に、営業停止処分などを行う法的根拠を設け、投機過熱地区の指定解除手続きを改善して、住宅監理士団体の共済事業ができるようにした。これによって公共宅地の範囲が拡がり、分譲価格上限制が適用される住宅の基本建築費を、市長・郡長または自治区庁長が告示して、土地賃貸部分譲住宅、および還売条件付き分譲住宅を供給するようにしている。

2　住宅政策の変遷

(1)　住宅政策の意味

建設交通部は、2007年に公布した住宅業務便覧において、住宅政策を「国家の経済社会の環境のうち、住宅の建設、供給、改良など住宅のライフサイクル全体の過程と、住宅経済に対して国民の居住を安定させ、居住福祉をはかる政策を遂行するのが住宅政策」であると定義しており、韓国の住宅政策の究極的な目標は国民の住居生活の安定であることを明らかにして、住宅の絶対量不足問題を解消するために住宅を大量に建設・供給し、無住宅庶民の住居を安定させるための価格の安定、および小型住宅の優先供給を政策課題に選んだ。

歴史的に見れば、政府の住宅政策は時代的背景によって目標と手段が一定せず、多様な姿をみせている。この多様性は、各政権の住宅関連法制において、新しい法令を作ったり、既存の法令を改正したりする一連の活動によく現われている。

すなわち、現場で住宅政策を遂行するために、住宅建設および建築基準の設定によって住宅の安全性の物理的基準を規定したり、高価な財産である住宅をより容易に購入できるよう国民住宅基金などで住宅資金を支援したり、住宅を建設する宅地を円滑に供給するための公共

宅地開発および供給、住宅の配分と管理についての規則を設定したり、賃貸住宅および小型住宅供給によって低所得層などの社会的弱者を保護したり、再開発などを通して住宅の更生を支援し、それによって老朽化・不良化した住宅を改良したり、税制減免・引き下げ、住宅予算の拡大・減縮するなどの手段を活用してきた。

韓国の不動産・住宅政策は経済成長とともに始まったと言える。1960年代以前の住宅関連不動産政策は朝鮮戦争の中で発生した60万戸の住宅損失と北朝鮮の避難民が南下して都市に定着した臨時的な次元で収容所や簡易住宅を政府で建設しながら始まった。このような政策は応急的なもので具体性を持つことができなかったが、以後1962年から始まった経済開発計画により韓国の住宅政策は徐々に実体的な役割を果たしていくことになる。経済開発計画は経済成長だけではなく産業構造および社会構造の改編を含んでいたから、住宅に対する投資と住宅建設政策もこれに合わせて進行することになった。各政府別住宅政策の内容を手短に見れば次のようにまとめられる。

(2) 歴代政権の住宅政策
a．朴正熙政権

朴正熙政権が成立する前、米軍政と李承晩政権の住宅政策は、独立と韓国戦争という時代的状況のため、主に救護的な住宅政策として実施された。50年代の住宅政策は、政府の財政事情が苦しかったために、UNKRA（United Nations Korean Reconstruction Agency）とAID（Agency for International Development）といった機関の援助資金によって、保護的で厚生的な住宅政策が立てられた（国土開発研究院「80年代住居政策の方向の模索」1979）。以後、国民の関心の高まりとともに、政府の住宅政策は救護性が強い簡易住居の施設や臨時収容所を脱し、1957年以後には住宅資金融資による住宅事業が推進された。

朴正熙政権の住宅政策は、経済開発という巨視的な国家発展戦略のために、それほど大きく扱われず、60年代初期の住宅政策は、関連産業に対する波及効果を期待する成長中心の経済政策の一部分として、

当時の第1次経済開発5ヶ年計画（1962〜1966）に含まれて推進され[12]、住宅に関連した制度と供給体系が整備された（コ・チョル、2002）。

60年代初期[13]に農村を離れ、働き口を求めて都市に集まった人々が国公有の河川敷や険しい山の麓に集団でスラム街を形成し、経済開発による都市化率も増加するなどして住宅問題が発生した。経済開発5ヶ年計画を施行しつつ住宅部門もこの計画に含め、生産の観点から住宅について論議したが、積極的な政策を生み出すことはできなかった。

この時期に「建築法」（1962）「都市計画法」（1962）「大韓住宅公社法」（1962）「住宅資金融資法」（1962）「公営住宅法」（1963）「土地区画整理事業法」（1966）「農漁村区画整理事業法」（1967）「韓国住宅金庫法」（1967）「韓国住宅銀行法」（1969）などが制定または改定され、1960年代末、住宅価格が上昇するとともに「不動産投機抑制に関する特別処置法」（1967）が制定され、投機抑制のための制度的な装置が設けられている（国土開発研究院、1998）。

1970年10月1日に実施された人口および住宅調査で、人口は3,146万8,000人、全世帯数は586万4,000世帯で、444万3,000戸の住宅または非住居用建物に居住していた。住宅在庫は1960年代と比べると97万9,000戸増加したが、人口の自然増加と核家族化による世帯数の増加により、住宅不足は60年代の20.9％に比べて24.2％と高くなり、都市部の住宅不足は46.3％と、より悪化した（イム・ソファン、2005）。

朴正熙政権は、1972年の維新改革直後に非常国務会議を通して、250万戸の住宅建設10ヶ年計画を発表した。60年代に比べると、政

---

(12) http://contents.archives.go.kr/next/content/listSubjectDescription.do?id=001350
(13) 1960年代初頭の住宅市場をみると、大韓民国の総人口24,989,000人、世帯数4,378,000世帯（世帯数の算定には一人世帯と非血縁世帯が含まれている）と把握されている。これに比べて住宅数は全部で3,446,000戸、9,144,000戸の住宅が不足し、住宅不足率は全国的に20.7％、都市地域では37.9％に及んだ（イム・ソファン、2005）

府は住宅問題に多少なりとも積極的に対応するようになったといえる。しかし、産業化の推進過程で公共資源の住宅部分の投資はそれほど拡大しなかった。ここへ民間部分を動員して住宅問題を解決しようとする方向がとられることになり、その結果「住宅建設促進法」が制定されたわけである（ハン・ギュボン、1973）。

70年代には公共部分の住宅投資と、住宅建設経済成長による国民の住宅購買力増加、金融市場の資金の流通に後押しされて住宅建設は急成長した。大規模アパート団地もこの時期に建設された。

70年代後半、住宅および土地価格が急激に上昇すると、政府は不動産市場に対する統制を強化し始めた。投機抑制策である不動産譲渡所得税の引き上げ、詐欺性仲裁と虚偽取引および住宅投機を防止するための、不動産業者に対する監視の強化などの行政措置をとった（行政研究所、1989）。こうした過程で、土地は個人による所有よりも、公による利用が優先される。土地公概念についての論議が現われたし、官僚たちと上流階級の投機行為に対する批判的世論が起き、1978年8月8日には、投機抑制のための総合対策が発表された（キム・デジュン、2005）[14]。

70年代後半には労働関係で緊張が高まり、労働者の不満を宥めるために低所得層の住宅供給を拡大する政治的必要性が増大し、公共賃貸住宅の計画が発表された（イム・ソファン、2005）。この他にも、住宅政策と関連して韓国土地公社が設立され、新規住宅の価格を一定水準以下に抑える分譲価格上限制が導入・施行された。

b．全斗煥政権

全斗煥政権下では、住宅による経済活性化政策と投機抑制政策の循環が認められる。80年代初期に発生したオイルショックの余波で極度の景気低迷と物価上昇が発生し経済が低迷した。そのため住宅景気

---

(14) 1973年のオイルショックで地価は再び急騰し、78年の中東特需に乗じて再び不動産投機が始まった。この当時からアパートが不動産市場過熱の震源地となった。この年に政府は8・8処置をとり、土地公社を通した大規模宅地の供給を決定した。（キョン・シルリョン、2005）

が萎縮すると景気浮揚策が進められ、また住宅市場が過熱すれば投機抑制対策を立てるという措置が行われたのである。特にこの期間には政府による住宅供給が拡大し、住宅建設の比重は民間中心から公共部門中心へと転換する（チョン・グァンソブ、2007）。

80年代初期、81年に譲渡所得税の免税期間を延長し、82年には譲渡所得税率を引き下げ、国民住宅転売期間を短縮するなどして景気を活性化させようとした。しかし浮揚策の副作用で住宅景気が過熱し、82年末には民間住宅に対する債券買入制などの投機抑制対策[15]を設けるようになった。全斗煥政権では経済は好調だったが、住宅価格と賃貸料の急騰で住宅を所有できない労働者や低所得層の不満が高まった（コ・チョル、2002）。

政府は、不動産投機を抑制するために1988年に不動産検印契約書制度と公示地代制度を導入して物価と民心を安定させる緊急措置を取り、住宅非課税要件を整備して、1世帯2住宅譲渡税免除期間などを打ち出した。8月10日には不動産総合対策を発表した。しかし、それ以後も不動産価格の上昇がおさまらないため、1990年4月には追加的な「4・13不動産投機抑制対策」、「5・8不動産投機抑制のための特別補完対策」を発表した。

80年代の末と90年代には不動産投機抑制対策が施行され、同時に土地公概念が導入されて、公共住宅建設および宅地開発基本計画を樹立して住宅供給の投資を拡大する努力がはかられた。

c．盧泰愚政権

全斗煥政府に次いで登場した盧泰愚政権でも、住宅価格が上昇すると、これを阻止する投機抑制政策を何度も実施したが、何の成果を得られなかった。とはいえ、住宅の供給による住宅価格上昇を抑制する

---

(15) 1981年を基準として、ソウルの住宅価格は1982年から1983年まで2年続けて40.6％も急騰した。しかし、1983年末から1987年までは、住宅価格が安定を取り戻し、一部地域は住宅価格が下落した。これとは異なり、売買価格に比べてチョンセ価格は、1981年を基準としてソウルが26.5％、1985年まで69.5％、1987年までに108.4％上昇した。5広域市はそれ以上に上昇率が高く、1987年までに122.2％の上昇率を記録した。（チョン・クァンソプ、2007）

努力をはかり、不動産価格の急騰の原因となっているソウルの住宅価格を安定させるために首都圏の住宅供給を画期的に増やす政策をとった(チョン・グァンソプ、2007)。

まず、不動産投機の抑制に関連した内容をみると、86年から国際収支の黒字が長続きしたのと、87年の大統領選挙と総選挙後の通貨量の増加、6月29日の民主化宣言といった政治的激変など、80年代後半の社会・経済的変化は不動産市場をも過熱させ、これがまた、不動産価格の上昇をもたらした。投機を阻止するために盧泰愚政権では、88年8月10日に不動産措置を通して、通貨抑制、投機抑制地域の拡大、譲渡税の増税、投機および不動産業者に対する税務調査の強化および土地公概念の導入を行った。また不動産検印契約書制度を導入し、地価公示制度を実施した。

投機を抑制しつつ住宅景気を活性化して、本格的に住宅供給拡大政策を推進するために、1988年から5年間で200万戸の住宅を[16]建設する計画[17]がたてられた。しかし一部では、経済安定優先政策と強力な投機抑制政策のもとで200万戸の住宅を建設することが果たして可能なのかという懐疑的な意見もあった[18]。

住宅200万戸の建設は、住宅政策において、供給という量的な面では相当な成果があった[19]。しかし、住宅200万戸を建設する過程で、大規模住宅用地供給のための補償金の支払い、建築材料の輸入増加などによる経常赤字、過度な物量供給による手抜き工事業者の発生、

---

[16] 盧泰愚大統領が候補の時、6年間の在任期間中に、低所得層のために30万戸の住宅を含めて400万戸の住宅を建設すると公約した。
[17] 首都圏に中洞(チュンドン)・坪村(ピョンチョン)・山本・盆唐(ブンダン)・一山(イルサン)の新都市を主軸に90万戸の住宅を建設する一方、ソウルにも蘆原(ノウォン)区と江西(カンソ)区を中心に40万戸を建てて首都圏の住宅難を解消する計画。
[18] 大規模な住宅建設計画には、1972年には維新政府250万戸建設計画、1980年の国家保衛非常対策委員会の500万戸建設計画がある(イム・ソファン、2005)。1989年に発表された住宅建設200万戸建設計画も、新政権の発足と共に、民心収攬のための政治的手段の一つとして推進された計画だったといえる(イ・チャンギュほか、1995)。
[19] 不動産投機の抑制政策と相まって、供給主体の政策によって1993年から1998年まで、建国後はじめて不動産価格が下落した(キム・ホンドン、2005)。

人手不足による賃金の上昇と製造業の競争力低下、多世帯住宅の建設による住居環境の悪化などが、200万戸住宅建設の問題点として指摘されている（ホン・チュンウク、2007）。

盧泰愚政権は、1980年代末に発生した不動産投機のために、土地公概念[20]三法と呼ばれる「宅地所有上限制」「開発利益回収制」「土地超過利得税法」を立法化した。当時の調査によれば、全国上位5％の土地所有者が全体の民間所有地の65.2％を占め、ソウルでは上位5％が57.7％を、釜山では72.3％、大邱では72.6％、城南では71.9％など、大都市では70％を上回る土地が少数の所有者に集中していた（土地公概念研究委員会、1989）。

それぞれの個別法の主な内容は、遊休地の価格上昇分に最大50％の税金を賦課する「土地超過利得税法」、特別市と広域市で個人宅地を200坪に制限し、超過した土地に対して負担金を徴収する「宅地所有上限制」、宅地・観光団地造成などの開発事業施行者に開発利益の50％を負担金として賦課する「開発利益回収制」の3つの法律である。しかし「土地超過利得税法」は未実現収益に対する課税であるという理由で、「宅地超過所有負担金制」は国民の財産権を侵害するという理由で、それぞれ違憲および憲法に合致しないという判決を受けて廃止された。「開発利益回収制」も、規制を緩和して企業負担を減らすという名目で事実上中止された。土地公概念を土台にして作った主要な法律が廃止されたりしたが、その本来目的は施行中の制度の中に一部反映されている。代表的なものは取引制限（土地取引許可制）、重税（総合不動産税）、各種開発制限（グリーンベルト）などである。

その後、既存の分譲価格上限制では良質の住宅を供給するのが難しいと判断され、1989年からは分譲価格原価連動制[21]を実施して、広

---

(20) 土地公概念についての議論は、1978年の8・8不動産総合対策に関連して当時の建設交通部長官が「土地公概念に立脚した、各種の土地政策を検討中である」と明らかにしたことから議論が始まった。（イム・ソファン、2005）

(21) 民間アパートの分譲価格を宅地費と適正利潤を含めた建設費を合算して算定する方式で、住宅分譲価格に建設原価を反映させるのである。

範囲な企業非用業務地に対して規制し、住宅賃貸借保護法を改正して最小賃貸期間を2年にし、確定日時認可制度[22]が導入された。

d．金泳三政権

1990年代の住宅市場は、1980年代末の住宅価格急騰による各種の投機抑制対策と住宅供給拡大対策の影響で、全般的な安定の動きに入った。そこで、住宅政策も持続的な住宅市場の安定をはかる方向で展開された。すなわち、住宅ネットワークの構築や、不動産投機抑制のための土地公概念法制の制定と施行などと相まって、過去の住宅価格の急騰のような弊害が再発しないようにしたのである。特に、持続的な住宅の供給を通して住宅市場の需要と供給の不均衡を解消するために、利用可能な宅地を確保するという意味で準農林地の転用が拡大されるなど土地利用の規制が緩和されたことに続き、住宅分譲価格の自律化措置がとられた。1995年11月5日には住宅市場安定対策の一環として、未分譲率が高い江原道、全羅北道、忠清北道、済州道などについて、25.7坪以上の住宅に対して分譲価格の自律化が実施された（チョン・グァンソプ、2007）。

1995年1月6日、文民政府3年目の金泳三大統領が、年頭記者会見で「不動産実名制の実施をすでに指示したし、すぐに断行されるだろう」と発表した。すでに1993年8月には電撃的に〈金融実名制〉が実施されている。95年1月27日に立法予告された「不動産実権利者名義登記に関する法律」は、実際の所有者の登記と、名義信託の無効についての2つの核心的条文を含め、本文15ヶ条、付則5ヶ条の簡単な法律だった。すべての名義信託の約定と、これによる不動産物権の変動を無効とし、第三者が代行できないようにした。実名登記義務に違反した場合には不動産価額の30％にあたる課徴金を賦課する

---

[22] 借家居住者からチョンセ権の設定に対する同意を得るのが現実には困難だという点を勘案して、チョンセ権契約書に対する確定日時印と、住民登録移転の用件を具えている場合、その翌日から、住宅の競売がなされる場合にチョンセ金に対する物件的地位を賦与し、日時が遅い別の後順位物件より優先して弁済させる制度（チョ・ジュヒョン、2007）。

ことにした。

1995年11月7日には住宅市場活性化対策を発表したが、それは未分譲アパートの購入者に対する資金支援と税制優遇だった。住宅購入貸金償還利子の30%に該当する額を税額から控除し、未分譲アパートを購入して5年以上保有・賃貸した後に譲渡する場合、一般の譲渡税率30～50%の代わりに、20%の特例税率を適用するようにした。この他にも、中小型住宅の義務建築割合を大幅に縮小したり、専用面積18～25.7坪の未分譲アパート融資を支援したり、会社債の発行基準を緩和したり、非業務用土地保有期間を5年延長するなどの規制緩和および支援策が含まれる。

金泳三政権は、住宅200万戸建設計画を根幹として、持続的な住宅供給と住宅市場の安定をはかり、実際に91年から97年末の外為危機が起こる前までは、住宅価格は下落あるいは安定の動きを維持するようになった（経済開発研究院、2005）。

e．金大中政権

1997年末から始まった経済危機は、経済の全領域における厳しい試練であったが、特に建設および不動産部門に大打撃を与えた。1998年の住宅市場は外為危機以後、景気低迷と金融不振で需要が急減して、住宅価格とチョンセ[23]（入居時に保証金を家主に預けておいて、家主がその利子を取り、借家人は退出する時に元金を返還される韓国の賃貸システム―注23）価格が大きく下落した。家主たちは借家返還金をしかるべき時に用意することができなくなってチョンセ入居者との紛争が起き、借家人の住居移動が困難になった。外為危機以前の1997年には住宅価格は2%の上昇率を見せていたが、1998年4月には1997年末に比べて全国平均で7.7%、11月までには12.7%下落し、チョンセ価格は18.7%下落した。土地価格も1998年9月までに13.4%が下落す

---

(23) チョンセ（傳貰）とは韓国の不動産賃貸の一形態で、不動産所有者が賃貸料の代わりにチョンセ金を預かり、一定期間借り手に不動産の使用を認めるとともに、賃貸料として利子を受け取る。そして不動産を返却される時にチョンセ金を返すものである。これは不動産の賃貸借と金銭の利子付き消費貸借が結合したものといえる。

るなど、全般的に不動産市場が急激に萎縮した（イム・ソファン、2005）。不動産価格が暴落して「金が回らなく」なると、多数の建設業社が不渡りを出す事態に陥った。しかも不動産の暴落で国民の資産の相当部分が失われ、建設産業の崩壊は多数の建設日雇い勤労者の失業、所得の喪失、ホームレス化、家庭崩壊をもたらして、深刻な社会問題を引き起こした（チャ・ムンジュン、2004）。

政府は住宅の需要と供給を拡大し、取引を活性化するために、1998年から2000年まで建設経済を活性化する対策を継続的に発表した。98年5月22日には、住宅債券流動化制度が導入され、取得税や登録税が一時的に減免され、住宅購入資金の利子償還分が所得控除されるようになった。6月22日には建設資金の支援や、貸出償還期間が延長され、9月7日には分譲中途金の支援や、分譲価格の自律化が行われた。12月12日には住宅に対する譲渡所得税の非課税要件が緩和されるなど、立て続けに住宅景気活性化対策を発表し、その結果、住宅価格は5年で17%を上回る高い上昇率を示すようになった。

しかし2000年以後、ソウル江南地域再開発を中心に価格が急騰すると、政府の住宅政策は従来の景気活性化政策から、住宅価格安定政策へと変化した。特に銀行貸出金利が7%水準に下がってチョンセを賃貸に切り替える傾向が増加すると、チョンセ不足と高い賃貸転換利率が社会問題として登場した。それに伴って2001年3月にはチョンセ総合対策が講じられた。この政策では、勤労者および庶民住宅の購入資金の貸出金利を年間7～7.5%に引き下げ、首都圏内の公共開発宅地における小型住宅の供給割合が50%から60%に増量された（チョン・グァンソプ、2007）。

2001年末からソウル江南地域を中心に住宅市場が過熱する現象があらわれると、2002年1月と3月の二度にわたって住宅市場安定対策が発表された。住宅市場安定対策の後、住宅売買およびチョンセの費用が安定したのは少しの間であったし、それ以後上昇する勢いを見せた。これに対応して政府は、2002年9月4日の9・4対策や、10・11対策などの強力な投機抑制対策を発表し、その後には住宅価格上

昇率が一時的に再び低下した。

f．盧武鉉政権

　盧武鉉政権では国土均衡発展のために行政首都と企業都市の建設などの大規模国策事業を計画し、首都圏での不動産投機を抑制するためにいくつもの政策を提示した。主要内容としては、供給拡大より不動産需要の抑制に焦点を合わせ、総合不動産税の新設や保有税の強化などの租税政策が主になっている（ユ・ヒョンジョン、2007）。

　2003年以降の住宅事情を見ると、同年の10・29対策以後安定が続いていた住宅価格が、2005年2月から上昇に転じ、特にアパートは住宅全体より高い価格上昇を示して、江南（カンナム）および盆唐（ブンダン）から始まったアパート価格上昇が江北（カンブク）の一部・首都圏南部地域にまで拡散した。経済正義実践連合の資料によると、アパート時価総額が2000年の12月で400兆ウォン、2003年の2月で724兆ウォン、2005年の10月で1,000兆ウォンに増加し、分譲価格自律化以前の1998年のソウル地域の同時分譲価格が543万ウォンであるのに比べ、2003年には1,102万ウォンと、2倍以上も暴騰した（経済正義実践連合、2005）。

　盧武鉉政権は、30余に及ぶ大小の不動産政策を立て続けに発表して、不動産価格の安定化と不動産市場の改革に努力した。不動産政策の推進主体も、従来の建設交通部、財政経済部などの部署レベルを越えて、青瓦台（チョンワデ）と政策企画委員会、貧富格差差別是正委員会、国民経済諮問委員会といった大統領直属諮問委員会が直接管掌した（ピョン・チャンフム、2006）。

　政権発足初期の住宅政策は不動産価格の急騰に対応する住宅価格安定政策であり、2003年5月23日と2003年9月5日に発表された「住宅市場安定対策」がその代表的なものである。以後、前述03年の10・29対策[24]は、不動産投機の抑制と住宅市場の安定化を総合した

---

[24] 10・29対策は、1年余りの間かなりの威力を発揮した。国民銀行の調査によれば、2003年10月から2005年3月まで、全国のアパート価格は0.5％、ソウルは1.3％の下落を維持した。しかし、投機地域指定や解除など、単発的な対策と重課税に代表される需要抑制政策による供給不足問題があらわれはじめ、この時から不動産市場は大

対策であり、盧武鉉政権の政策の特徴をよく表わしている。この対策では基本的に、不動産価格の急騰の原因が投機的需要にあると捉え、投機需要を抑制するために、金融政策、租税政策、開発利益回収制度、市場規制政策などを網羅して対策に含めた。住宅担保貸出規制の強化、総合不動産税の導入と、一世帯多住宅所有者に対する譲渡所得税の強化、投機過熱地区の拡大指定、住商複合アパート分譲権の転売禁止、投機容疑者に対する税務調査の強化などを主な内容とした。一方、住宅供給拡大政策は、江北ニュータウンの追加指定と、光明、牙山などの高速鉄道駅周辺圏の住宅団地開発などに限定された（財政経済部ほか、2005）。10・29対策以後の期間には、10・29対策で提示された政策の方向を具体化する一方、部門別で不動産投機を抑制する詳細案が立て続けに発表された。

　一連の政策で持続的な成果を得られなかった盧武鉉政権は、総合住宅対策を発表した。2005年8月31日の総合住宅対策[25]は、盧武鉉政権の性格を最も鮮明に示す政策だったと言える（ピョン・チャンフム、2006）。この政策方案は青瓦台と総理室、財政経済部、建設交通部、行政自治部、国税庁、国政弘報処などの政府部署のみならず、韓国銀行、金融監督院など不動産問題に関連するほとんどすべての部署が参加して作成された。

　すなわち2006年3月30日の「庶民住居福祉の増進と住宅市場合理化方案」では、8月31日に対策を補う庶民住居の安定への支援が拡大され、貸出規制の拡大、再建築制度の規制強化および再建築負担禁止制度の導入などが盛り込まれた。5月6日には許可区域内で土地を取得するためには6ヶ月以上居住しなければならないとし、各種開発事業と土地規制を緩和する時には、土地取引許可区域を同時に指定すると、さまざまな規制策が発表された。

　2007年6月には660万坪規模のトンタン2新都市計画を発表して、

　　きく動揺しだした。（『韓国経済』2006年11月6日付）
　(25)　庶民住宅安定政策、不動産取引の透明化政策、土地および住宅の供給拡大政策などの4種類からなる。

住宅供給量の不足を実質的な住宅供給によって解決することにした。住宅取引申告制を通して既存の中古住宅市場を凍結し、分譲価格上限制と原価公開制度によって新規供給市場が硬直した状況で、政府は新都市事業を通して直接開発・供給にあたることになったのである（ナム・ドンヒ、2007）。

Ⅲ 住宅法と日本の住生活基本法の比較

韓国憲法は第34条第1項において「すべての国民は、人間らしい生活を営む権利を有する」として、日本国憲法第25条と同様に生存権を規定し、さらに第35条第3項において「国家は住宅開発政策等を通じてすべての国民が快適な居住生活を営むことができるよう、努力しなければならない」と規定している。同じく憲法で生存権を掲げていながら、日本の住生活基本法に比べて住宅法のほうがその理念が法全体に貫かれているといっていいだろう。それは住生活基本法の第1条（目的）および第7条（国および地方公共団体の責務）と住宅法の第1条（目的）、第3条（国などの義務）を見れば明らかである。

すなわち住生活基本法のその規定が極めて抽象的なのに対し、住宅法は国民の居住を保障することを国などの「責務」でなく「義務」として、たとえば第4項で「低所得者・無住宅者など居住福祉を実現する上で支援が必要な階層に、国民住宅規模の住宅が優先的に供給されることができるようにすること」としているところに見られる。

その上で住宅法は、前記憲法第35条第3項の主旨を具体化するために日本の住生活基本法、建設業法、旧住宅金融公庫法、都市計画法、都市再開発法、マンション管理法、マンション建替え円滑化法などの内容を持つ、きわめて包括的、かつ幅広い法律であることが特徴的である。したがって住生活基本法と共通する条項もあるが、住生活基本法には見られない内容をも有している。

共通するところは、たとえば住宅政策の基本方向としての住宅の供給、居住の安定、居住環境の形成、供給計画の策定などとともに、住生活基本法、住宅法ともに住宅市場と住宅産業の役割についてかなり

の量をさいて言及していることだろう。しかし、住宅市場と住宅産業について両法が触れているところはかなり違っているといっていいだろう。

つまり住生活基本法では、「住宅関連事業者の責務」として、事業者の「自覚」、あるいは「必要な措置」を期待しているのみなのに対し、住宅法の場合は事業者としての登録に始まり、その事業に関わる細かい規制が責務として述べられている。この事業者の中には民間の事業者のみならず大韓住宅公社や地方自治体まで例外なく含まれているのも日本とは違う点である。

国民の最低居住水準について法そのものでなく政令（住生活基本法）、建設交通部告示（住宅法）でその基準を明示しているのも共通している。同告示は前文で「人間らしい生活を送ることができる必要条件として最小限保障されなければならない住生活の基準を告示する」としている。しかし、その最低居住水準は日本の場合、4人の標準世帯で3DK・50平方メートルなのに対し、韓国のそれは同じ3DKでも37平方メートルである。ただし住宅法では、この基準は社会的・経済的条件の変化に伴ってその適正性が維持されなければならないとし、つまり変更されるとし、さらに最低居住水準未満世帯に対して優先的に住宅を供給する、国民住宅基金が支援されることが明記されているところは日本と違うところである。

計画の策定手続きも似ている。すなわち韓国では、建設交通部長官が関係省庁や自治体が提出した内容を総合的に調整して策定するものとされている。日本の場合は国土交通大臣が策定することになっていて、いずれも地方分権をめざしているとはいえ、実質的には中央集権的な色彩が濃いのが特徴的である。

住生活基本法と住宅法の相違点は、住宅法が日本の場合に他の法に委ねている部分をも包含しているところから、量的にかなり多いといっていいだろう。しかし、その相違点の中には、本来あるべき住宅基本法が示しておかなければならないのに住生活基本法がこれを避け、住宅法は触れている基本的な部分があることをしるしておかなければ

第3章　韓国　住宅法

なるまい。

　その一つは、不良住宅の監視と改善に関する項目である。住宅法はこれに関して第21条（住宅建設基準など）の条項を設け、住宅建設にあたっての各種住宅性能の基準を列挙して、これを遵守することを各種事業者の義務と定め、さらにこれを大統領令により定められた監理者が監理しなければならないとしている。それは、住宅の配置、境界壁、付帯施設から騒音、日照、眺望にまでおよんでいる（なおリモデリングとは、建替えではなくリフォームのことをいう。まだ使えるストックの建替えは資源のムダ使いという考えによるものである）。

　さらに住生活基本法と大きく異なるところは、住宅の分譲価格を制限している点であろう。それは分譲価格を構成する項目を指定し、事業者が過大な利潤を入手できないようにしており、さらに85平方メートル以下の小規模住宅については、建設交通部令が定める価格以下で供給されなければならない（第38条の②）としている。

　また第41条では、投機過熱地区を指定して住宅価格が高騰することを避け、一方、住宅と宅地への投機を避けるために開発を公的機関のみに限定する地区を指定することができるのを宣言している。こうした試みは日本の土地基本法も行っていない。これらは国民にいかに安定した価格で住宅を供給するかの観点にたった条項といっていいだろう。

　ほかに地域、職場ごとの住宅組合の設立、住宅の購入者・賃借人を保護する役割としての大韓住宅保証会社による保証、共同住宅の管理システム、国民住宅建設のための基金についても触れられているのが住生活基本法と異なるところである。

　韓国では、この住宅法により国民賃貸住宅（85平方メートル以下の小規模住宅）を、2003年から2012年までの間に100万戸建設することが2002年5月の経済閣僚懇談会で決まっており、住宅法は計画法的意味合いも有するから、この点に関しては住宅法は日本の旧住宅建設計画法と似ていなくもない。

　この国民賃貸住宅100万戸計画は、公共賃貸住宅を10％以上確保

135

しなくては低所得層の居住福祉を達成できないという基本的認識から出発したもので、計画が達成される2012年には10年以上の長期公共賃貸住宅が全住宅に占める割合は12%に拡大する見通しである。なお日本の場合、公営・公社・旧公団（現UR）の公共賃貸住宅が全住宅ストックに占める割合は7%であるから、韓国が目標とするところかなり大きいといえるだろう。

Ⅳ　韓国住宅法と住宅政策の評価

1　韓国住宅法の評価

　歴代政府の住宅政策でみたように「住宅建設促進法」は住宅を大量に供給して国民の居住生活を安定させるための特別法として制定され、大韓民国政府の住宅政策の根幹を形成した。しかし住宅普及率100%を達成した今日[26]、供給中心の政策を脱し、経済的・社会的条件の変化に合わせて居住福祉や住宅管理などの部分を補強し、この法制度の運営過程でみられた一部不備な点を全般的に改善・補完するため、住宅法として全面改正された。

　住宅法は盧武鉉政権の発足（2003年2月25日）とともに改正され（2003年5月29日、法律第6919号）、盧武鉉政権の住宅・不動産政策を裏付ける法的根拠となった。盧武鉉政権の発足初期の住宅政策目標は、2001年から始まった不動産価格の急騰に対応するために住宅価格を安定化させることであった。2001年度以後、局地的な住宅供給不足と流動資金の流入により、2001年7月から2003年9月の間に年平均の住宅価格が11.2%上昇した。全国的には2002年に住宅普及率が100%を越したが、ソウル江南(カンナム)を中心に首都圏、新都市、新行政首都地域を中心として住宅価格が上昇した。

　2004～2007年の間の住宅法の改正は、共同住宅の量的・質的な側面を改善したという意味で、意義深い。共同住宅の量的な側面におい

---

　(26)　建設交通部、2007年住宅白書。

第3章 韓国 住宅法

て、住宅供給の効率性と公平性が大幅に考慮された。とくに共同住宅の質的な面を改善した住宅性能等級制の導入と、共同住宅の換気施設設置の義務化、そして一定の共同住宅の場合、長期修繕計画の立法化は共同住宅の質的な面の大幅な改善につながることが期待される（キム・ガプス、2006）。

(1) 居住福祉の実現

2003年以後の住宅法改正過程を検討すると、盧武鉉政権の初期の住宅政策は住宅供給中心ではなく、低所得者・無住宅者などの社会的弱者に対する配慮や、最低住居基準制度の導入、共同住宅の管理強化など、公平性と居住福祉を強調していることがわかる。この点こそ盧政権における住宅政策の最大の特徴と見ていいだろう。住宅弱者の居住権を保障しようというわけである。

その他、住宅法の改正で住宅性能等級が表示されるなど、共同住宅の品質を向上させ、住宅建設の施工技術を発展させるべく、住宅の騒音・構造や環境などについての性能等級を表示する制度を導入した[27]。またこれに違反した場合には制裁を加えられるよう、刑事法的制裁手段が立法化されたことも注目される。

補則条項である住宅法86条では、建設交通部長官または市長・道知事は、適切な住宅政策の樹立および施行のために、住宅の建設供給管理およびこれと関連する資金の調達、住宅価格の動向など、この法に規定された住宅と係わる事項に関する情報を総合的に管理して、これを関連機関団体などに提供することができると規定され、国民の知る権利が保障された。

住宅法は、住宅建設の監督対象を拡大した。住宅建設の手抜き施工

---

[27] 住宅法第21条の2、① 軽量衝撃音・重量衝撃音・トイレ騒音・経済騒音などの騒音関連等級、② リモデリングなどに備えた可変性・修理容易性などの構造関連等級、③ 眺景・眺望権・日照時間・外部騒音・室内空気質などの環境関連等級、④ 社会福祉施設・遊び場・休憩室などの住民共同施設についての生活環境等級、⑤ 火災・消防性能など大統領令に定める性能等級などである。共同住宅の室内空気の質を改善できるよう、換気施設の設置を義務づけた。

を防止するため、壁塗り・造景および塗装工事を監督対象に含めた。また2005年7月13日には、リモデリングの許可を出す時には、「建築者法」または「建設技術管理法」による監督資格を有する者を大統領令が定めるところに従って住宅建設工事の監督に指定するようにさせ、国民のための住居環境を強調して、住宅を含んだ建築物の安全と建築費の支出の透明性を確保しようとした。

2003年7月25日には、最低住居基準制度（第5条の2、第1項および第2項新設）が導入された。2005年5月26日には、共同住宅の内力構造部ごと、および施設工事ごとに耐用年数などを勘案して決めなければならないにもかかわらず「集合建物の所有および管理に関する法律」では一律に10年と規定されているので、これを共同住宅の内力構造部別、および施設工事別にして、欠陥担保責任期間を（第46条）合理的に定め、欠陥発生時にその責任範囲について事業主体・設計者または監督者の間に紛争が発生する場合には、建築法にもとづく建築紛争調停委員会でこれを調整するようにして、事業主体に一方的に責任が転嫁されるのを改善し、監督者および設計者の責任意識を高めて欠陥工事を防止して、消費者が良質の住宅で生活できるようにした。

(2) 分権的住宅政策の実施

住宅法は、地方自治体の住宅総合計画樹立の義務化を明示している。市・道知事が住宅総合計画に従い、特別市・広域市、および道の条例が定めるところによって年度別の市・道住宅総合計画を策定し、長期的な展望のために必要な場合には、10年単位の市・道住宅総合計画を策定することができる規定を、義務規定として立法化した。（第8条）。これは、地方が自ら社会・経済などの地域的要因を住宅政策決定過程で考慮するようにし、住宅政策の長期計画を義務的に策定させることにより、住宅政策の一貫性と、地域住民が地方自治体の住宅政策を知る拠りどころを設けたものと評価される（キム・スガプ、2006）。

第3章　韓国　住宅法

(3)　住宅供給の効率性確保

　国民住宅概念[28]について、以前は大統領令で定められていた事項を住宅法によって規定したのは、大統領令によって簡単に国民住宅の範囲が変更されていたものを国会の法改正を通して行うようにしたことであり、これは法治主義の観点をより明確にしたという意義がある（キム・スガプ、2006）。

　「アルバッキ」とは、再開発区域など開発事業に編入された地域の土地を、あらかじめ少し購入しておいて開発事業を妨害し、開発業者に市場価格よりさらに高い価格でその土地を売却する行為を指す。以前はこのアルバッキに対する法的規制がまったくなかったが、アルバッキが住宅分譲価格を上昇させる要因の一つであるという批判をうけたことから、住宅法によって投機を目的にした一部の非倫理的な土地購入を防止したり、一定の場合には住宅事業者が売却請求権を行使したりできるようになった（第16条および第18条の2）。

(4)　住宅市場安定の手段

　2005年1月8日の改正では、住宅分譲価格が自律化されて以後、分譲価格が上昇して不動産投機が過熱し、中産庶民層の住居費の負担が増加したのをうけて、公共宅地で建設される一定規模以下の住宅は分譲価格を制限し、分譲価格の主要項目を公開するよう義務づけた。そして公共宅地内に建設・供給される85㎡以下の共同住宅は、適正な価格で供給されるように、建設交通部令が定める基準によって分譲価格を算定し、入居者を募集する時には①　宅地費、②　工事費、③　設計管理費、④　附帯費、⑤　その他建設交通部令が定める費用など、分譲価格の主要項目を公開するようにして、違反時の処罰規定を設けた（第38条の2）。

　しかし、分譲価格原価公開制に対しては、原価公開が企業経営を妨

---

[28]　国民住宅とは、国民住宅基金の支援を受け、国家、地方自治団体および大韓住宅公社、または民間建設業者が供給する、専用面積85㎡（約25.7坪）以下の住宅である。

げる、住宅供給が萎縮する、企業の原価低減努力と創意性が低下する、住宅の品質が低下する、ひんぱんな紛争により住宅供給が困難になる、建設価格決定権が侵害されるなどの理由を挙げて原価公開制[29]に反対する意見もある（シン・ボンギ、2007）。

　2005年12月23日の改正では、国民の住居生活を安定させるために、分譲価格上限制の適用対象を公共宅地で供給される住居専用面積85平方メートルを超す住宅などにも拡大し、分譲価格の公示項目および公示対象を拡大した。分譲価格上限制で安価に供給される住宅に対する投機を抑制するために、住宅の規模別に分譲価格上限制適用住宅などに対する転売制限期間を延長し、公共宅地内の住宅供給の公共性を高めるために、投機過熱地域内の公共宅地に住宅公営開発地区を指定して、公共機関が直接住宅を建設・供給した。住居専用面積が85㎡を超す分譲価格上限制適用住宅に対して、住宅債券入札制を導入する代わりに以前の宅地債券入札制度を削除し、分譲権の転売行為[30]に対する罰則適用対象に住宅公営開発機構で公共が建設・供給する住宅を含めた。

　転売権の制限は憲法上、財産権の侵害になる恐れもあるが、この住宅法の改正はすべての住宅への入居ではなく、投機過熱地区の中に建設される住宅と、分譲価格上限制が適用される住宅に限って転売権を制限しているので、憲法違反の可能性はかなり除かれていると考えら

---

(29) 大韓商工会議所、全国経済人連合会、韓国貿易協会、中小企業中央会、韓国経営者総協会といった経済5団体は、民間住宅に対する分譲原価の公開および分譲価格上限制など123件の規制改革課題についての要求を、規制改革委員会に提出したと大韓商工会議所が明らかにした。住宅・建設部門の規制のうち、民間住宅の分譲原価公開は「利潤追求を目的とする民間企業の営業秘密公開を強制するのは、市場経済の根幹を損なう行為であり、住宅の品質低下と供給減少を引き起こす」として撤回を要求した。また、民間住宅に対する分譲価格上限制もまた「企業の営業活動の権利を保障した憲法に違背するのみならず、供給不足などの副作用のおそれがあり、建設経済の萎縮と供給不足による将来の住宅価格上昇を引き起こしかねない」として再検討を求めた。（連合ニュース［연합뉴스］、2007年4月25日付）

(30) 転売制限制度とは、新しく分譲される住宅に当選した後、一定期間のあいだ売買できないようにする処置をいう。

れる。住宅市場において投機者を排除して、住宅を必要とする国民への住宅供給を円滑にしようという目的には高度の正当性があると評価しうる。また、避けられない事由によって転売する場合には、大韓住宅公社などに売却できるという方策を新たに設けて、善意の被害者を防止する点も考慮しているのは、転売権制限による副作用を最小化する試みであると評価される（キム・スガプほか、2006）。

2　住宅政策の評価

(1)　盧武鉉政府以前の住宅政策への評価

韓国の住宅政策は、朝鮮戦争後、戦乱で破壊された家屋を修理し、救護的住宅を建設することに始まり、約50年間展開されてきた。あらためて大韓民国の住宅関連政策を時代別に検討すると、次のように要約される[31]。1960〜70年代には成長中心の経済政策の一部分として、当時の「第1次経済開発5ヶ年計画」（1962〜1966）に含まれて推進された。1970年代の住宅政策では、政府が本格的に住宅問題に関心を持ち、当時の「経済開発5ヶ年計画」とは別に長期的な住宅建設計画を立て、住宅建設促進法などの制度を整備するなど積極的な政策を推進した。しかし、1978年に不動産投機によって住宅市場が過熱すると、政府は住宅価格を安定させ、投機を抑制するために住宅供給に関する規定を制定し、不動産投機抑制および供給対策（8・8措置）を発表した。これを通して政府が住宅の供給条件と方法を直接統制する契機が準備された。

---

(31)　チョ・チュヒョン（2007）は、時代順に1960年代：経済計画の支援、投機抑制施策の出現、1970年代：土地投機の広域化、住宅投機の盛行、投機抑制施策の多様化、1980年代：公営開発および開発利益回収制度の基盤構築、1990年代：土地公概念および実名制の実施による市場構造改革、2000年代：不動産市場と資本市場の統合に分けており、キム・グニョン（2004）は政策内容別に1）住宅の量的不足問題を緩和するための住宅供給の拡大、2）住宅需要基盤を拡充するための住宅金融および税額控除など支援体制の緩和、3）分譲価格の規制に投機抑制政策など、住宅価格を安定させるための規制、4）低所得層の住居安定基盤確立のための住宅供給体制の樹立、5）住宅改良再開発および再建築、住居環境改善事業など、既存の在庫住宅の質的水準の向上に区分している。

1980年代は、税制の積極的な活用を通して住宅市場の過熱防止浮揚などをはかり、住宅供給を積極的に拡大した時期である。1978年の投機抑制対策によって1980年初期に未分譲が発生するなどして住宅景気が沈滞するや、1981年1月と1982年5月には譲渡所得税の免除期間を延長し、住宅資金融資条件を緩和するなど、税制と金融政策を通した住宅経済浮揚策を実行した。しかし、こうした浮揚対策によって住宅景気が過熱すると、同年12月には再び投機抑制策を設けた。このような変化の過程の中、1988年のソウルオリンピックなどの大規模国際行事が開催されて景気が好転すると、不動産市場がまた過熱し始めた。そこで今度は、住宅を含む不動産景気の過熱を抑制する政策がとられ、1988年の8・10不動産総合対策と1989年の一山(イル)・盆唐(ブンダン)などの首都圏内の5つの新都市を建設する200万戸住宅建設計画が立てられた。これは200万戸建設は住宅建設が民間主導から公共主導へと転換したことを意味する。

1990年代は、1980年代末の200万戸住宅建設計画を根幹として、持続的な住宅供給と投機抑制政策などによって住宅市場が安定していた時期である。システム的にも住宅ネットワークの構築や不動産投機を抑制するための土地公概念法制の制定や施行などと相俟って、過去の住宅価格急騰のような社会・経済的弊害の再発が防がれた。

しかし、200万住宅建設のような大規模住宅供給政策が短期間内に推進されたことにより建築材料が急騰し、また分譲制度を通して市場価格より安い住宅が大量供給されたことで住宅需要が爆発的に増加し、これによって不動産投機ブームが醸成されるという問題点もあった。

1997年は大韓民国にとって社会・経済的に困難な時期だった。外為危機が発生したのである。IMFによる金融政策のもとで住宅市場が低迷すると、政府はこれに対応するため国民住宅基金の運用規模を拡大し、庶民住居安定対策、チョンセ価格安定対策、賃貸住宅活性化対策などの景気浮揚策を講じて公共部門の役割を強化した。

2003年以後、盧武鉉政権は庶民住居安定・住宅価格安定化・投機需要抑制・両極化解消・市場透明性の向上などさまざまな住宅政策目

標を掲げ、住宅供給、金融政策、税制改編、住宅制度も改編、住宅取引についての内容からなる対策を 30 回余りも発表した。こうした対策を通して、おおむね住宅市場の安定化と住居供給の拡大には幾分の効果を見せたが、住宅価格の両極化の深刻化、地域住宅市場の沈滞の深刻化などの副作用ももたらされた。

　歴代政権が発表した住宅政策はおおよそ 150 余りに及ぶ。これらの住宅政策の特徴は、第一に不動産価格を安定させる対策であり、不動産投機の抑制と住宅供給の拡大が住宅政策の最優先課題に設定されたこと。第二に、住宅政策が全般的な景気調節の手段として活用されたこと。第三に、大規模住宅の供給拡大政策が政治的正当性を確保する手段として活用されたことである（ピョン・チャンフム、2005）。しかし、このように数多くの住宅政策が発表されたにもかかわらず、その政策が住宅市場の安定、入居者の保護、地域の均衡発展などについて、現実には以下の表のような政策目標を効果的に達成したとはいえない。

歴代政権の住宅政策目標および政策手段

	1962～1979	1980～1987	1988～1992	1993～1997	1998～2002	2003～2006
政権	朴正熙	全斗煥	盧泰愚	金泳三	金大中	盧武鉉
政策目標	公営住宅建設および民間主導建設	住宅の大量建設および住宅価格の安定	住宅大量建設を通した住宅価格の安定と社会不安要素の除去	住宅普及率100％達成、住宅市場の自律性増加	建設産業活性化を通したマクロ経済安定化、庶民住居生活の安定	国民の住居安定、住居福祉を企図　住宅市場安定
主要な政策手段	大韓住宅公社設立、公営住宅法など各種開発法制の整備標準住宅及び資材の標準化住宅業務総括機構の設置住宅銀行設立	小型住宅拡大住宅供給制度の改善住宅購買力の向上住宅金融拡大住宅建設原価削減低減投機的需要の抑制	賃貸住宅を含む住宅建設の拡大国民住宅建設の支援宅地供給の円滑化住宅規模の小型化と供給体系の整備	宅地供給の多様化公共部分住宅建設拡大健全な賃貸文化の定着及び共同住宅の品質向上住宅行政体制の効率化	分譲価格自律化等規制緩和国民住宅基金の支援拡大国民賃貸住宅の建設拡大最低住居基準の設定	住宅の絶対量不足問題解消無住宅庶民の住居安定支援手段動員規制手段動員

(2) 盧武鉉政権の住宅政策の問題点

盧武鉉政権では「不動産投機との戦争」「税金爆弾」などのドギツイ表現が新聞紙上にたびたび登場したように、不動産市場における投機、開発利益の私有化、両極階層間の両極化などを改善するために規制を主とする不動産対策を立てたが、土地価格の急騰と高い分譲価格、土地補償費と低金利基調など、多様な原因によって成功しなかった。盧武鉉政権の住宅政策の問題点を検討すると、以下の通りである。

実際取引と市場の間隔の最小化によって不動産取引の透明性を確保したが、総合不動産税を避けるために公示価格6億ウォン以下のダウン契約書が盛んに交わされ、2007年に入ると再建築、中大型アパートを中心とする市場安定の動きがみられたものの、すでに2007年より以前に大幅に価格が上昇していて、取引が大幅に減少し、チョンセ

市場が不安になった。

盧武鉉政権は不動産・住宅対策を立てるにあたって土地公概念を強調し、不動産の公共財的性格を強調した。そして分譲価格上限制、原価公開の義務化、公営開発などを推進した。しかし、これらの政策は地方の住宅景気を沈滞させ、公営開発がむしろ公共機関の利益のみをもたらす奇妙な現象が発生した。盧武鉉政権の住宅政策の最大の問題点は、政府対策への信頼がまともに形成されなかった点である。投機勢力の排除、既得権層の開発利益の独占解消、総合不動産税の賦課などを通して所得階層の間の公平性を向上させるいくつもの対策を立てたが、不動産価格の安定推進政策と国土均衡発展という開発政策が根本的に矛盾を来たしていたし、政府の不動産対策以後に住宅価格が安定せず、対策が次々に発表されるなど、国民にとっての住宅・不動産政策の信頼性を確保することができなかった（トゥ・ソンギュほか、2007）。

V　韓国住宅政策の展望

盧武鉉政権の住宅政策は、庶民住居の安定・住宅価格の安定化・投機需要の抑制・両極化の解消・市場透明性の向上という目的を果たすために数度にわたる住宅法の改正を実施して進められた。居住福祉の改善という側面では、国民に住宅政策に関連した知る権利、環境改善については過去の政権と違って積極的で、多様な試みが行われた。住宅市場の安定という目的を掲げて実施した投機過熱地区の拡大や分譲権の転売禁止、土地取引許可区域の指定、総合不動産税の導入、開発利益回収制、譲渡所得税の強化、分譲価格上限制、分譲原価の公開など多様な試みもあったが、住宅価格の両極化現象の深刻化、地域住宅市場の沈滞化、不動産政策に対する国民の不信などの問題点が露出した。ここに住宅政策の目的を果たすための発展方向を提示してみたい。

(1) 庶民住居の安定のための政策的支援

庶民住居の福祉の向上のための住居費補助制度が2003年から施行

されているが、他に低所得層の住居安定のための政府の支援としては、主に公共賃貸住宅建設とチョンセ資金融資制などがある。しかし、所得階層別の政策が不在なのと、賃貸住宅政策の非現実性のために、国民の住宅の安定政策は不十分であった。したがって、国民の住宅を安定させるためには、所得4分位以下の世帯[32]に対する賃貸支援金の支給、住宅賃貸事業者の良性化および政府支援の強化、チョンセ・賃貸市場の安定化、モーゲージ（mortgage、不動産貸付）金利の引下げと、低利支援の対象を拡大する政策が必要であろう。

次第に人口が高齢化するとともに発生する問題に対応する戦略も必要である。最近実施されている住宅年金などの制度的整備も必要だ。高齢化時代に備えている諸外国の住宅政策についての研究も必要となろう。

(2) 住宅環境の質的改善

都市美観を損なう在庫住宅の質的環境を改善して管理を合理化し、良好な居住環境と居住文化を醸成しなければならない。住宅の特性の一つである非移動性は、住居環境と都市環境に伴って住宅価値の差別化を量産し、これが特定地域の住宅価格を上昇させ、住宅需要の地域的偏重による市場の不安定化をもたらす。ソウルの住宅価格は江南（カンナム）と江北（カンブク）の間の両極化が深刻化している。このような両極化の原因は教育および居住環境による部分が大きいといえる。そのため、江北（カンブク）の老朽化した住宅の計画的な再開発と、教育施設、文化施設、大規模公園などの住居環境福祉に必要な基盤施設を提供する支援方策を模索する必要がある。ソウル首都圏と地方の間の格差も無視できない。盧政権が実施した地方均衡発展、公共機関の移転、行政首都の建設などの大規模事業も、本来の主旨を充分に生かして全国土のバランスの取れた発展という政策目標が果たされなければならないだろう。

---

(32) 韓国全体の世帯ごとの所得を低い順から10分位に分けたうちの1～4分位に相当する世帯。4分位世帯は、ひと月の所得が全国平均所得の70％を下回る世帯にあたる。

（3） 不動産市場の環境整備

　韓国の住宅市場は、住宅供給と市場安定という政策目標を達成するために、短期的な処方と規制、政府主導の事業が行われてきた。そこで、住宅市場を安定させるための基礎環境を醸成するためには、次のような改善が必要である。第一に、宅地供給を活性化するために政府主導の宅地供給を民間と一緒に開発する競争体制[33]が必要である。宅地供給体系を検討すると、韓国土地公社（または住宅公社や都市開発公社などの自治体）が住民に対して、土地を市有（収用）宅地にした後（造成）、建設業者に宅地供給価格で売る「宅地造成－供給過程」になっている。この過程で土地公社は、住民たちから土地を購入する費用（用地費）に宅地化する工事費用（造成費）を合わせて宅地造成原価を算出し、ここに開発利益を付けて供給している。（朝鮮日報、2005年12月1日）これを、宅地開発の造成に民間が参加して公共機関と競争するように制度化しなければならないとの指摘がある（経済正義実践市民連合、2006）。

　市街地の中では、立地特性および住宅建設の類型などを総合的に考慮して、開発密度の弾力的な適用方策を検討する必要がある（トゥ・ソンギュ、2008）。そのためにソウル、広域市などは大都市内部の市街地、駅中心圏地域を国民住宅規模以下の住宅を中心に開発するが、開発密度を上方修正するようにし、その他の地方中小都市の場合は開発密度を上方調整しつつ、既存の市街地の再整備を通して地域を発展させ、都心の活力を増進させることを併行して行わなければならないだろう。

　さらに変化する社会に対応する制度を設ける必要がある。例えば住宅年金と関連して「住宅」に対する概念に差があり、オフィステルの所有者は住宅年金[34]に加入できない。アパートとオフィステルを同

---

(33)　市民団体と民主労働党は、宅地造成からアパート分譲までの全過程を公企業が担当し、開発利益を適正な線で策定して分譲価格を安定させる、公営開発制の導入を要求している。

(34)　住宅年金（リバースモーゲージ）とは、高齢者が所有する住宅を担保として提供

時に所有する場合、1世帯2住宅と算定して税金を払っているのが現実である。住宅年金は住宅法上、住宅にすると申請することができるが、オフィステルは住宅法上住宅に含まれないのである。これから社会は予測もつかない形に変化するだろう。そこで最小限、その変化に対応するために、法と制度が充分に整備されていなければならないだろう。

　ソウルを含めた首都圏の場合、長い期間が経過したことによる老朽アパートの比重が増加し、補修および代替の必要性も高まっているのが実情である。そこで李明博政権が掲げる「規制は緩め、開発利益は徹底的に回収する」という原則に即して、再開発事業による開発利益の回収装置をより一層精巧に整える必要があろう。また、小型住宅の割合と賃貸住宅建設の割合などは組合が自律的に決めるようにするが、共益の次元で必要と認められる地域や団地についてはインセンティブと連携するように方案を模索する必要がある（トゥ・ソンギュ、2008）。その他に、規制的性格が強い租税政策に対する全面的な検討が必要である。

　歴代政権は住宅政策において規制と活性化という相反した政策を周期的に繰り返した。そのために国民は政府の政策に不信を抱いてきたというのが現実である。盧政権下では政府の投機抑制対策発表後にむしろ住宅価格が上昇する奇現象も発生した。短期的な効果に汲々としている対策よりは長期的な視野に立って住宅政策を樹立・展開して、政府の政策が国民に信頼されるようにすることが重要であろう。

　し、金融機関から老後生活資金を毎月年金のように支給される貸出をいう。住宅は持っているが、老後の所得が不足している高齢者の場合、住宅年金を通して生涯の生活安定と住居の安定の保証をうけることができる。

第 3 章　韓国　住宅法

参 考 文 献

강팔문 (カン・パルムン)、2003、《주택법 제정 : 주거복지 실현을 위한 정부의 정책전환 (住宅法制定 : 住居福祉実現のための政府の政策転換)》、주택도시연구원 (住宅土地研究院)。
《주택도시 (住宅都市)》통권第 77 号、대한주택공사 (大韓住宅公社)。
건설교통부 (建設交通部)、2005、《주택시장동향과 주요 정책이슈 (住宅市場の動向と主要政策イシュー)》第 7 号。
《주택백서 (住宅白書)》、2002-2007。
경제정의실천시민연합 (経済正義実践市民連合)、2005、《집값안정을 위한 정책방향 (住宅価格安定のための政策法案)》。
성명서 : 토지공사 (택지공급가 공개) 관련 경실련 입장《声明書 : 土地公社〈宅地供給価公開〉関連の経実連の立場》2006。
국토연구원 (国土研究院)、1996、《국토 50 년 (国土 50 年)》。
고철 (コ・チョル)、2002、《한국 주택정책에 관한 비판적 고찰 (韓国住宅政策に関する批判的考察)》、대한부동산학회지 (大韓不動産学会誌) 20、대한부동산학회 (大韓不動産学会)。
권태준 (クォン・テジュン)、1974、《한국의 주택정책 (韓国の住宅政策)》、한국주택은행 (韓国住宅銀行)。
김대중 (キム・デジュン)、2005、《대한민국 재테크사 (大韓民国財テク史)、2005》、원앤원북스 (ウォンエンウォンブックス)。
김수갑 (キム・スガブ) 他、2006、《한국 주택법의 과제 (韓国住宅法の課題)》、〈공법연구 (公法研究)〉第 34 集第 4 号第 2 巻、한국공법학회 (韓国公法学会)。
김정호 (キム・ジョンホ)、김근용 (キム・グニョン)、1998、《주택정책의 회고와 전망 (住宅政策の回顧と展望)》、국토개발연구원 (国土開発研究院)。
김헌동 (キム・ホンドン)、2005、《대한민국은 부동산공화국이다? (大韓民国は不動産共和国である?)》、궁리 (窮理)。
남동희 (ナム・ドンヒ)、2007、《우리나라 주택정책의 목표변화 (わが国の住宅政策の目標変化)》、한국정책학회 하계학술대회 발표논문 (韓国政策学会夏季学術大会発表論文)。
두성규 (トゥ・ソンギュ) 他、2007、《주택 부동산 분야의 향후 정책과제 (住宅・不動産分野のこれからの政策課題)》、한국건설산업연구원 (韓国建設産業研究院)。
두성규 (トゥ・ソンギュ)、2008、《새정부의 바람직한 주택・부동산 정책과제 토론회 자료집 (新政府の望ましい住宅・不動産政策過程討論会資料集)》、한국건설산업연구원 (韓国建設産業研究院)。
변창흠 (ビョン・チャンフム)、2005、《공영택지개발사업의 평가와 과제 : 한국토지공사의 역할을 중심으로 (公営宅地開発事業の評価と課題：韓国土地公社の役割を中心に)》,《민주사회와 정책연구 (民主社会と政策研究)》通巻第 7 号。
《참여정부 부동산 정책의 이념과 형성과정분석 (参与政府不動産政策の理念と行政過程分析)》、2006、한국행정학회 추계학술대회 (韓国行政学会秋季学術大会)。
오준근 (オ・チュングン)、2002、《(최종심의자료) 삶의 질 향상을 위한 주택건설 관련법제 정비방안 연구 ―주택건설촉진법의 개편방향을 중심으로― ([最終審議資料] 生活の質向上のための住宅建設関連法制整備法案研究―住宅建設推進法の改革方法を中心に―)》、한국법제연구원 (韓国法制研究院)。
유현종 (ユ・ヒョンジョン)、2007、《주택정책에 관한 사회적 의사결정과 공공선택적 접근：개인의 선택과 정부규제에 대한 비판적 검토 (住宅政策に関する社会的意思決定と、公共の選択的接近：個人の選択と政府規制に対する批判的検討)》、〈행정논총 (行政論叢)〉第 45 巻 2 号。
윤혜정 (ユン・ヘジョン) 他、2003、《주거와 주택 (住居と住宅)》、서울：다락방 (ソウル：タラクパン)。
이장규 (イ・チャンギュ) 他、1995、《실록 6공 경제―흑자경제의 침몰 (実録六共経済―黒字経済の沈鬱)》、중앙일보사 (中央日報社)。
이정전 (イ・チョンジョン)、1999、《토지경제학 (土地経済学)》、박영사 (パクヨンサ)、1999。
임서환 (イム・ソファン)、2005、《주택정책 반세기 (住宅政策半世紀)》、기문당 (キムンダン)。
재정경제부 (財政経済部) 他、2005、《서민주거안정과 부동산 투기억제를 위한 부동산제도 개혁방안 (国民住居安定と不動産投機抑制のための不動産制度改革法案)》。
정태용 (チョン・テヨン)、2007、《주택법 (住宅法)》、세창출판사 (セチャン出版社)。
차문중 (チャ・ムンジュン)、2004、《주택시장 분석과 정책과제 연구 (住宅市場分析と政策過程研究)》、한국개발연구원 (韓国開発研究院)。
토지공개념연구위원회 (土地公概念研究委員会)《1989-토지공개념연구위원회 연구보고서 (土地公概念研究委員会研究報告書)》토지공개념연구위원회 (土地公概念研究委員会)。
하성규 (ハ・ソンギュ)、2001、《주택정책론 (住宅政策論)》、박영사 (パクヨンサ)。
한규봉 (ハン・キュボン)、《주택건설촉진법의 의도 (住宅建設促進法の意図)》、1973、〈건축 (建築)〉第 17 巻第 2 号、대한건축학회 (大韓建築学会)。
행정연구소 (行政研究所)、1989、《한국의 정책사례집 (韓国の政策事例集)》、서울대학교 행정대학원 부설 행정연구소 (ソウル大学校行政大学校付設研究所)、법문사 (法文社)。
황명찬 (ファン・ミョンチャン) 編、1985、《주택정책론 (住宅政策論)》、경영문화원 (経営文化院)。

건설교통부（韓国建設交通部）、www.moct.go.kr/
국가기록포털（国家記録ポータル）、http://contents.archives.go.kr/
국정브리핑（国勢ブリーフィング）、www.president.go.kr/
나라지표（国の指標）、http://www.index.go.kr/
부산경실련（釜山経済正義実践市民連合）、http://www.we21.or.kr/
입법통합지식관리시스템（立法統合知識管理システム）、http://likms.assembly.go.kr/
참여연대（参与連帯）、http://www.peoplepower21.org/

韓国　住宅法（抄）（2003年5月29日）

第1章　総則

第1条（目的） この法律は、快適な居住生活に必要な住宅の建設・供給・管理と、そのための資金の調達・運用などに関する事項を定めることにより、国民の居住安定と居住水準の向上に貢献することを目的とする。

第2条（定義） この法律で使う用語の定義は以下の通りである。

1　「住宅」とは、世帯の世帯員が長期間独立して居住生活を営むことができる構造になった建築物の全部または一部およびその付属の土地をいい、これを一戸建てと共同住宅に区分する。

2　「共同住宅」とは、建築物の壁・廊下・階段その他の設備などの全部または一部を共同で使用する世帯がひとつの建築物の中で、それぞれ独立した居住生活を営むことができる構造になった住宅をいい、その種類と範囲は大統領令が定める。

3　「国民住宅」とは、国民住宅基金から資金の支援を受けて建設され、あるいは改良された住宅で、住宅の用途のみに使用される面積（以下「住居専用面積」という）が1戸または1世帯あたり85平方メートル以下の住宅（「首都圏整備計画法」の規定による首都圏を除いた村落地域においては1戸または1世帯あたり100平方メートル以下の住宅。以下「国民住宅規模」という）をいう。（中略）

5　「事業主体」とは、国、自治体、大韓住宅公社、韓国土地公社、この法律の規定によって登録された住宅建設事業者、宅地造成事業者などをいう。（以下略）

第3条（国などの義務） 国および地方自治体は、住宅政策を立案・施行するに当たって次の各号の事項を果たすために努力しなければならない。

1 国民に快適で暮らしやすい居住生活を可能にさせること
2 住宅市場が円滑に機能を発揮し、住宅産業が健全に発展するのを期すること
3 住宅が公平で効率的に供給されて、快適で安全に管理されることができるようにすること
4 低所得者・無住宅者など居住福祉を実現する上で支援が必要な階層に、国民住宅規模の住宅が優先的に供給されることができるようにすること

第４条（**住宅政策に関する協議**）① 中央行政機関の長、特別市長・広域市長または道知事が次の各号の業務に関して、この法律に規定した事項外の所管業務について必要な措置をとろうとするときは、あらかじめ建設交通部長官と協議しなければならない。
1 住宅の建設・供給および管理
2 第１号の業務のための資金の調達・運用に係る事項
② 第１項の規定による協議対象機関・協議範囲および手続きなどに関しては、大統領令が定める。

第５条（**住居実態調査**）①建設交通部長官、特別市長・広域市長・市長または郡長は、次の各号に関して大統領令が定めるところによって住居実態調査を実施することができる。
1 住宅普及率
2 住宅の類型・規模
3 住宅資金
4 その他住宅の建設・供給および管理に関する事項として大統領令が定める事項
② 建設交通部長官が第１項の規定によって実施する住居実態調査は、定期調査と随時調査に区分し、定期調査は統計法の規定によって指定統計に指定された人口調査および住宅調査と並行して実施されなければならない。随時調査は建設交通部長官が特に必要と認める場合に調査項目を特定して実施することができる。
③ 特別市長・広域市長・市長または郡長が第１項の規定によって

実施する住居実態調査に関しては第2項の規定を準用する。
第5条の2（最低居住水準の設定など）　① 建設交通部長官は、国民が快適で暮らしやすい生活を営むために必要な最低居住水準を設定・公告しなければならない。

② 第1項の規定によって建設交通部長官が最低居住水準を設定・公告しようとする場合は、あらかじめ関係中央行政機関の長と協議して、住宅政策審議委員会の審議を経なければならない。公告された最低居住水準を変更しようとする場合もまた同じである。

③ 最低居住水準には、住居面積、用途別室の個数、住宅の構造・設備・性能および環境要素など大統領令が定める事項が含まれなければならず、社会的・経済的条件の変化にともなうその適正性が維持されなければならない。

第5条の3（最低居住水準未満世帯に対する優先支援など）　① 国または地方自治体は、最低居住水準未満の世帯に対して優先的に住宅を供給することや国民住宅基金を支援することができる。

② 国または地方自治体が住宅政策を立案・施行する場合や、住宅建設事業を施行する場合には、最低居住水準に達していない世帯を減らすために努力しなければならない。

③ 建設交通部長官または地方自治体の長は、住宅の建設に係る許認可をするさいに、その建設事業の内容が最低居住水準未満の場合は当該水準を満たすように、事業計画承認申込書の補完指示など必要な措置をとることができる。

④ 建設交通部長官または地方自治体の長は、最低居住水準未満の世帯が密集した地域に対して、優先的に賃貸住宅を建設することや、都市および住居環境整備法が定めるところにより優先的に住居環境整備事業を施行するための必要な措置をとることができる。

（中略）

第2章　住宅総合計画の作成など

第7条（住宅総合計画の作成）　① 建設交通部長官は、国民の居住安定と居住水準の向上を図るために次の各号の事項が含まれた住宅総合

第3章　韓国　住宅法

計画を作成・施行しなければならない。
1　住宅政策の基本目標および基本方向に関する事項
2　国民住宅・賃貸住宅の建設および供給に関する事項
3　住宅・宅地の需要および管理に関する事項
4　住宅資金の調達および運用に関する事項
5　低所得者・無住宅者など居住福祉実現の見地から支援が必要な階層に対する住宅支援に関する事項
6　健全で持続可能な住居環境の造成および整備に関する事項
7　住宅のリモデリングに関する事項

② 住宅総合計画は、年度別計画と10年単位の計画に区分し、年度別計画は10年単位の計画を基礎に当該年度2月末までに作成しなければならない。

③ 住宅総合計画は、国土基本法による国土総合計画に対応しなければならない。国・地方自治体・大韓住宅公社・韓国土地公社および地方公企業法の規定によって住宅建設事業を目的に設立された地方公社は、住宅総合計画が決めるところによって住宅建設事業または宅地造成事業を施行しなければならない。

④ 建設交通部長官は、住宅総合計画を作成するときにはあらかじめ関係中央行政機関の長および市・道知事に住宅総合計画に反映されなければならない政策および事業に関する所管別計画書の提出を要請することができる。この場合、関係中央行政機関の長および市・道知事は特別の事由がない限り、これに応じなければならない。

⑤ 建設交通部長官は、第4項の規定によって提出された所管別計画書を基礎に住宅総合計画案を作成し、関係中央行政機関の長と協議し、住宅政策審議委員会の審議を経て定める。この場合、建設交通部長官はすみやかに確定した住宅総合計画を関係中央行政機関の長および市・道知事に知らせなければならない。

第8条（市・道住宅総合計画の作成）① 市・道知事は、第7条の規定による住宅総合計画によって大統領令が定める範囲の中で、当該特

別市・広域市および道の条例が定めるところによって年度別市・道住宅総合計画および10年単位の市・道住宅総合計画を作成しなければならない。この場合、市・道住宅総合計画は第7条の規定による住宅総合計画に対応しなければならない。

② 市・道知事が第1項の規定によって年度別市・道住宅総合計画を作成したときには、すみやかにこれを建設交通部長官に提出しなければならない。

第3章　住宅の建設など
第1節　住宅建設事業者

第9条（住宅建設事業などの登録）① 大統領令が定める年間戸数以上の住宅建設事業を施行しようとする者または大統領令が定める年間面積以上の宅地造成事業を施行しようとする者は建設交通部長官に登録しなければならない。ただし、次の各号の事業主体はこのかぎりでない。

1　国・地方自治体
2　大韓住宅公社・韓国土地公社
3　地方公社
4　公益法人の設立・運営に関する法律の規定によって住宅建設事業を目的に設立された公益法人
5　第32条の規定によって設立された住宅組合
6　勤労者を雇用する者（中略）

第10条（共同事業主体）① 土地所有者が住宅を建設する場合には、第9条第1項の規定に係らず、大統領令が定めるところによって第9条の規定によって登録する者と共同で事業を施行することができる。この場合、土地所有者と登録事業者を共同事業者とみなす。

② 第32条の規定によって設立された住宅組合（リモデリング住宅組合を除く）がその構成員の住宅を建設する場合には、大統領令が定めるところによって登録事業者と共同で事業を施行できる。

③ 雇用者がその勤労者の住宅を建設する場合には、大統領令が定めるところによって登録事業者と共同で事業を施行しなければな

らない。この場合、雇用者と登録事業者を共同事業主体とみなす。
(中略)
第2節　住宅建設事業の施行
第16条（**事業計画の承認**）① 大統領令が定める戸数以上の住宅建設事業を施行しようとする者または大統領令が定める面積以上の宅地造成事業を施行しようとする者は、事業計画承認申込書に住宅と付帯施設および福利施設の配置図、宅地造成工事設計図など、大統領令が定める書類を添付して市・道知事に提出して、その承認を得なければならない（国・大韓住宅公社および韓国土地公社が施行する場合は建設交通部長官をいう）。

② 第1項の規定によって住宅建設事業計画の承認を得ようとする者は、当該住宅建設敷地の所有権を確保しなければならない。ただし次の各号に当たる場合にはこのかぎりでない。

1　国土の計画および利用に関する法律の規定による地区単位計画の決定が必要な住宅建設事業として当該敷地面積の100分の80以上を使用できる権限を確保している場合

2　事業主体が住宅建設敷地の所有権を確保していないが、当該敷地を使用できる権限を確保している場合

3　国・地方自治体・大韓住宅公社または地方公社が住宅建設事業をする場合（中略）

④ 第1項の事業計画は、快適で文化的な居住生活を営むのに相応するようにされなければならない。その事業計画には付帯施設および福利施設の設置に関する計画が含まれなければならない。
(中略)

第18条（**土地への出入りなど**）① 国・地方自治体・大韓住宅公社・韓国土地公社および地方公社の事業主体が事業計画作成のための調査または測量をする場合と、国民住宅事業を施行するために必要な場合には、他人の土地に出入りでき、また特別な用途に利用していない他人の土地を材料置き場または臨時道路として使用することができる。

② 第1項の規定による事業主体が国民住宅を建設したり、国民住宅を建設するための敷地を造成する場合には、土地とともに土地に付随した物品に関する所有権外の権利を収用または使用することができる。（中略）

第19条（土地への出入りなどによる損失補償） ① 第18条第1項の規定による行為によって損失を受けた者がいるときには、その行為をした事業主体がその損失を償わなければならない。（中略）

第21条（住宅建設基準など） ① 事業主体が建設・供給する住宅の建設などに関する次の基準は大統領令が定める。

1　住宅の配置・世帯間境界壁・構造内力などに関する住宅建設基準
2　付帯施設の設置基準
3　福利施設の設置基準
4　住宅の規模および規模別建設割合
5　宅地造成基準

② 地方自治体は、当該地域の特性、住宅の規模などを考慮して、住宅建設基準の範囲の中で、条例で具体的な基準を決めることができる。

③ 事業主体は、第1項の住宅建設基準および第2項の基準によって住宅建設事業または宅地造成事業を施行しなければならない。

第21条の2（住宅性能等級の表示など） ① 事業主体が大統領令が定める戸数以上の住宅を供給しようとするときには、建設交通部長官が指定する機関から次の各号に当たる住宅の性能に係る等級を得て、これを入居者募集公告の中で表示しなければならない。

1　軽量衝撃音・重量衝撃音・トイレ騒音・境界騒音など騒音関連等級
2　リモデリングなどを想定した可変性・修理容易性など構造関連等級
3　造景・眺望圏・日照時間・外部騒音・室内空気質など環境関連等級

4 社会福祉施設・遊び場・休憩室など住民共同施設に関する生活環境等級

5 火災に対する消防性能など大統領令が定める性能等級

② 第1項の規定による住宅性能等級の審査および評価方法その他必要な事項は大統領令が定める。(中略)

第24条(住宅の監理など) ① 市・道知事は、第16条第1項の規定による住宅建設事業計画を承認したさい、および市長・郡長・区長が第42条の規定によるリモデリングの許可をしたときは、建築士法または建設技術管理法による監理資格がある者を大統領令が定めるところによって当該住宅建設工事を監理する者に指定しなければならない。ただし事業主体が国・地方自治体・大韓住宅公社・地方公社または大統領令が定める者の場合はこのかぎりでない。

② 第1項の規定によって指定された監理者は大統領令が定めるところにより監理院に配置され、次の各号の業務を遂行しなければならない。

1 施工者が設計図書に沿って施工しているかどうかの確認

2 施工者が使う建築材料が関係法令による基準に沿ったものかどうかの確認(中略)

④ 監理者は、第2項各号の業務を遂行する過程で違反事項を確認した際にはすみやかに施工者および事業主体に違反事項を通知して、7日以内に市・道知事にその内容を報告しなければならない。(以下略)

第25条(国・公有地などの優先売却および賃貸) ① 国または地方自治体は、以下の各号を目的とした住宅建設事業に対し優先的に国・公有地を売却または賃貸することができる。

1 国民住宅規模の住宅を大統領令が定める割合以上に建設する住宅の建設

2 第32条の規定によって設立された住宅組合が建設する住宅建設

3 第1号または第2号の住宅を建設するための宅地の造成(以下

および中略）

第3節　住宅組合

第32条（住宅組合の設立など）①　多数の構成員が住宅建設やリモデリングのために住宅組合を設立しようとするときは、管轄市長・郡長・区長の認可を受けなければならない。

②　住宅組合と登録事業者が共同で事業を施行する場合、登録事業者は自らの帰責事由で事業推進が不可能になったり、延期になったさいは組合員に損害賠償する責任がある。（以下および中略）

第4章　住宅の供給

第38条（住宅の供給）①　事業主体は次の各号で決めるところによって住宅を建設・供給しなければならない。

1　事業主体（国・地方自治体・大韓住宅公社・および地方公社を除く）が入居者を募集しようとするときは、建設交通部令が定めるところによって市長・郡長・区長の承認（福利施設の場合には申告）を得ること

2　事業主体が建設する住宅を供給するさいには、建設交通部令が定める入居者募集条件・方法・手続き・入住金（入住予定者が事業主体に納める住宅価格をいう）の納付方法・時期・手続き・住宅供給契約の方法などを明示すること

3　事業主体が住宅を供給するさいには、建設交通部令が定めるところにより壁紙・底材料・キッチン用具・照明器具などを除いた部分の価格を別に提示して、これを入居者が選択するようにすること

②　住宅の供給を受けようとする者は、建設交通部令が定める入居者資格・再当選制限および供給順位などに対応して住宅供給を受けなければならない。（中略）

第38条の2（住宅の分譲価格制限など）①　事業主体が公共宅地を鑑定価格以下で供給を受けて建設・供給する共同住宅については、建設交通部令が定める基準によって算定される分譲価格以下で供給されなければならない。この場合、分譲価格は次の各号による項目で構

成される。
1　宅地費
2　直接工事費
3　間接工事費
4　設計費
5　監理費
6　付帯費
7　その他建設交通部令が定める費用
② 事業主体は、次の各号の住宅の入居者募集の承認を得たときには、入居者募集公告の中で第1項各号の仕分けをして分譲価格を公示しなければならない。
1　第1項の規定によって建設交通部令が定める基準によって算定される分譲価格以下で供給しなければならない住宅として住居専用面積が85平方メートル以下の住宅
2　公共宅地による住居専用面積が85平方メートルを超える共同住宅で、国・地方自治体・大韓住宅公社および地方公社が建設・供給する住宅
3　住居専用面積が85平方メートルを超える分譲価格上限制適用住宅として国・地方自治体・大韓住宅公社または地方公社を除いた事業主体が建設・供給する住宅。この場合、分譲価格の公示は宅地費と宅地購入原価にかぎる。(中略)

第39条（供給秩序の撹乱禁止） ① 誰もこの法によって建設・供給される住宅の供給を受けるにあたり、証書または地位を譲渡または譲受けたり、これを幹旋してはならず、偽りその他の不正な方法によりこの法によって建設・供給される住宅の供給を受けてはならない。
② 建設交通部長官または事業主体は、第1項の規定に違反し証書または地位を譲渡したり譲受した者、または偽りその他の不正な方法で証書や地位または住宅の供給を受けた者に対し、その住宅供給を申し込むことができる地位を無効にし、またすでに締結された住宅の供給契約を取り消すことができる。(以下および中略)

第41条（投機過熱地区の指定および解除） ① 建設交通部長官または市・道知事は、住宅価格の安定のために必要な場合、決まった地域を住宅政策審議委員会の審議を経て投機過熱地区と指定し、またはこれを解除することができる。この場合、投機過熱地区の指定基準および方法については建設交通部令が定めるところによる。（以下略）

第41条の2（住宅の専売行為制限な） ① 事業主体が建設・供給する住宅の入居者に選定された地位は、10年以内の範囲内で大統領令の定める期間が経過する前にこれを専売（売買・贈与その他の権利の変動を伴う行為を含むが、相続の場合を除く）したり、専売を斡旋してはならない。この場合、専売制限機関は住宅の需給状況および投機の懸念などを勘案して大統領令で地域別に決めることができる。（以下略）

第41条の3（住宅公営開発地区の指定） ① 建設交通部長官は、第41条の規定による投機過熱地区で造成される公共宅地の中で、住宅に対する投機が懸念されたり、また住宅供給の公共性を強化するために必要な場合は、住宅政策審議委員会で住宅公営開発地区として指定することができる。この場合、公共機関が宅地を譲り受けして建設・供給しなければならない共同住宅の規模および種類などは、地域別特性および住宅の需給状況などを考慮して別に決めることができる。（以下略）

第5章　住宅の管理

第1節　住宅の管理方法など

第47条（長期修繕計画） 次の各号にあたる共同住宅を建設・供給する事業主体またはリモデリングをする者は、大統領令が定めるところによって当該共同住宅の共用部分に対する長期修繕計画を作成して使用検査権者に提出して、使用検査権者はこれを当該共同住宅の管理主体に引き継がなければならない。

1　300世帯以上の共同住宅
2　昇降機が設置された共同住宅

3 中央集中式暖房方式の共同住宅 （中略）

第49条（安全管理計画および教育など） ① 管理主体は、当該共同住宅の施設物による事故を防止するために大統領令が定めるところにより安全管理計画を作成し、安全管理責任者を選定してこれを施行しなければならない。（中略）

② 共同住宅団地内での各種事故防止と防犯のために、警備業務に携わる者と第1項の規定により安全管理責任者に選定された者は、建設交通部令が定めるところによって市長・郡長・区長が実施する防犯教育および安全教育を受けなければならない。（以下略）

第2節　住宅の専門管理など（略）

第6章　住宅資金

第1節　国民住宅基金

第60条（国民住宅基金の設置など） ① 政府は、住宅総合計画を効率的に実施するために必要な資金を確保し、これを円滑に供給するために国民住宅基金を設置する。

② 第1項の規定による国民住宅基金は、次の各号の財源により構成する。

1　政府の出資金または預託金

2　公共資金管理基金法による公共資金管理基金からの預託金

2の2　再建築超過利益還収に関する法律による再建築負担金の中の国家帰属分

3　第61条の規定による預託金

4　第67条の規定による国民住宅債券発行で集められた資金

4の2　宝くじおよび宝くじ基金法の規定によって配分された宝くじ収益金

5　第75条の規定による入居者貯蓄資金の中で大統領令が定める国民住宅の供給を受けようとする者の貯蓄資金（以下略）

第61条（国民住宅基金への資金の預託） ① 次の各号の基金または資金の管理者、貯金者は、その資金の全部または一部を国民住宅基金に預託することができる。

1 国民年金法によって作られた基金
2 その他大統領令が定める基金または資金
② 大韓住宅公社または韓国土地公社は、国民住宅事業の施行を促進するために必要と認められるときは、大韓住宅公社法または韓国土地公社法の規定に係らず国民住宅基金に資金を預託することができる。(中略)

第63条(国民住宅基金の運用制限) ① 国民住宅基金は、次の各号の用途の外ではこれを運用することができない。
1 国民住宅の建設
2 国民住宅を建設するための宅地造成事業
3 第1号および第2号の事業のための機資材の購入および備蓄
4 工業化住宅(大統領令が定める規模以下の住宅に限る)の建設
5 政府施策で推進する住宅事業
6 第60条第2項による預託金および借入金の元利金償還
7 第67条の規定による国民住宅債券の元利金償還(以下略)

第2節　国民住宅債券

第67条(国民住宅債券の発行など) ① 政府は、国民住宅事業に必要な資金を調達するために国民住宅基金の負担で国民住宅債券を発行することができる。
② 第1項の国民住宅債券は、建設交通部長官の要請によって財政経済部長官が発行する。
③ 国民住宅債券に関してこの法に特別の規定がある場合を除き、国債法を適用する。
④ 国民住宅債券の種類・利率・発行の方法・手続きおよび償還と発行事務取り扱いに関して必要な事項は大統領令が定める。

第68条(国民住宅債券の買い入れ) ① 次の各号にあたる者の中で大統領令の定める者は、国民住宅債券を買い入れなければならない。
1 国または地方自治体から免許・許可・認可を受けるか登記・登録を申し込む者
2 国・地方自治体または政府投資機関管理基本法の規定による政

府投資機関と建設工事の請負契約を締結する者
3　この法によって建設・供給する住宅の供給を受ける者
② 第1項の規定によって国民住宅債券を買い入れる者の買い入れ金額と手続きなどに関して必要な事項は大統領令が定める。

第3節　住宅償還社債

第69条（住宅償還社債の発行）①　大韓住宅公社および登録事業者は大統領令が定めるところによって、住宅で引き換える社債を発行することができる。この場合、登録事業者は資本金・資産評価額および技術などが大統領令が定める基準を満たし、金融機関または大韓住宅保証株式会社の保証を受けたときに限ってこれを発行することができる。（以下略）

第4節　国民住宅事業特別会計など（略）

第5節　大韓住宅保証株式会社（略）（以下略）

第7章　住宅の取引

第80条の2（住宅取引の申告）①　所得税法の規定による地域の中で投機が懸念されるとして、第84条による住宅政策審議委員会の審議を経て建設交通部長官が指定する地域にある住宅（大統領令が定める共同住宅に限る）においては、所有権を移転する契約を締結した当事者は、住宅取引価額など大統領令が定める事項を契約締結日から15日以内に当該住宅所在地の管轄市長・郡長・区長に届けなければならない。（中略）

第80条の3（申告内容の調査など）①　市長・郡長・区長は、第80条の2第1項の規定による申告事項に欠落や正確でない部分があると判断したときには、申告人に対し契約書など関係資料の提出を求められるなど必要な措置をとることができる。（以下略）

第8章　協会（略）

第9章　住宅政策審議委員会

第84条（住宅政策審議委員会の設置など）①　住宅政策に関する次の各号の事項を審議するために建設交通部に住宅政策審議委員会を置く。
1　最低居住水準の設定および変更

2　住宅総合計画の作成および変更
3　宅地開発促進法による宅地開発予定地区の指定・変更または解除。ただし、宅地開発予定地区の面積が20万平方メートル未満の場合と2以上の特別市・広域市または道にわたらない場合を除く
4　投機過熱地区または住宅取引申告地区の指定および解除
5　その他住宅の建設・供給・取引に関する重要な政策として建設交通部長官が審議に付する事項
② 住宅政策審議委員会の構成・運営その他の必要な事項は大統領令が定める。

第85条（市・道住宅政策審議委員会）① 市・道住宅総合計画などに関する事項を審議するために市・道に市・道住宅政策審議委員会を置く。

② 市・道住宅政策審議委員会の構成・運営その他の必要な事項は大統領令が定めるところによって市・道の条例で決める。

第10章　補則（略）
第11章　罰則（略）
以下　付則（略）

第4章　日本　住生活基本法

　わが国で住宅政策における基本理念を定めるべく住宅基本法案が初めて提案されたのは1969年の第61国会で（公明党）、これ以降1993年の第126国会にいたるまで公明党、社会党と民社党（いずれも当時）により計10回国会に提案されているが、いずれも審査未了に終わっている。また建設省（当時）も同法案の検討を二度にわたって行ったことがある。この建設省案も日の目を見ることはなかった。長い間、住宅基本法の制定が期待されていたことになる。それが住生活基本法の名で制定された。住生活基本法はそれだけの期待に沿うものといえるだろうか。

　それを見るには、住生活基本法がどういう意図のもとに、どういう目的をもって制定されたのか、これが今後の住宅政策をどのように規定することになるのかを分析して、評価しなければならない。その結果、韓国、米国、フランスの各法とどう異なるのかが明らかになる。

　そこで本章では、住生活基本法制定の意図、目的を考察していき、その逐条分析を行い評価するとともに、あらためて基本法制定までの経緯を振り返ることにより、この法が期待通りのものであったかどうか、さらに今後住宅政策はどんな展開を繰り広げることになるのかを見てみたい。それにより近い将来、未曾有の高齢化社会を迎え、貧富による居住格差が広がりかねないわが国が、どういう国家社会を目指そうとしているのかが明らかになるに違いない。

I　住生活基本法の制定

　住生活基本法は、住宅建設計画法（1966年制定）が廃止されることになり、それに代わり制定されたものである。住宅建設計画法は、住宅建設5カ年計画の根拠法で、同計画は1966年にスタートした第1期5カ年計画いらい、2005年に終わった第8期5カ年計画にいたる

まで40年間にわたり、わが国における公的資金住宅、民間住宅の建設計画を策定してきた。

わが国の戦後住宅計画は、鳩山内閣当時の1950年に策定された住宅建設10カ年計画に始まるが、その後も住宅難がいっこうに解消されないなかで、計画の破棄、新しい計画の策定、それを破棄してさらなる新計画の策定といった試行錯誤が続けられてきた。しかし、1963年住宅統計調査によれば、世帯あたりの住宅数はなお0.97に過ぎない。おりから1960年に成立していた池田内閣はその国民所得倍増計画を実現するためのテコとして、一世帯一住宅を目標にした住宅政策を掲げることになるが、しかし、それを実効あるものにするには、住宅建設計画を策定のつど閣議決定して財政計画とリンクさせる必要がある。そこで恒久法としての住宅建設計画法が制定されることになった経過がある。

それまで多くの公共事業関係長期計画が特別措置法を根拠としていて（2003年4月に国土交通省が道路、河川など各種公共事業長期計画を社会資本事業整備計画として一本にまとめ、同整備計画法を制定したので、この事情は変わったが）、計画改定のたびに法を改正していたのに対し、この法律は第4条第1項において「国民の住生活が適正な水準に安定するまでの間、昭和41（1966）年度以降の毎5箇年を各1期として、当該期間中の住宅の建設に関する計画（以下『住宅建設5箇年計画』という）の案を作成し、閣議の決定を求めなければならない」と規定し、法律の改正なしに、つまり財政事情に係りなく5年ごとに計画を策定するのを可能にした。

また、この法律では公的資金による住宅建設（公営住宅、公団住宅、住宅金融公庫による融資住宅）だけでなく、民間による住宅建設もふくめたすべての住宅建設の目標を立てることになっていた。これは、民間建設の住宅に関し国は資金的援助は行っていないが、金融上、税制上においてさまざまな措置を講じているためと説明された。さらに都道府県計画など地方にも住宅建設5カ年計画を策定させるのを特徴としていた。つまり、この法律は公営住宅法など、さまざまな住宅法

第4章　日本　住生活基本法

の上位法として機能していたわけである。

　この住宅建設計画法により1966年度を第1期住宅建設5カ年計画の初年度とした計画が2001～2005年度の第8期計画まで40年間にわたり展開されてきたのは前述しているとおりである。これにより建設されてきた公営住宅は約220万戸、公団住宅は賃貸、分譲あわせて約150万戸、公庫融資住宅は約1,890万戸になる。そうして戦後の住宅建設を支えてきた住宅建設法がその意義を果たしえなくなる事態が生じることになった。

　その主因となったのは、2001年に登場した小泉内閣による構造改革の一環として進められることになった特殊法人改革である。これにより都市基盤整備公団は廃止されて、都市開発部門のみ残した独立行政法人都市再生機構となって、賃貸住宅供給から撤退することになり、また住宅金融公庫も廃止されて証券支援化業務に特化した独立行政法人住宅金融支援機構に縮小される。さらに2005年には公営住宅法を実質的に骨抜きにする公的賃貸住宅特措法（「地域における多様な需要に応じた公的賃貸住宅等の整備等に関する特別措置法」）など住宅関連三法の制定、改正が行われて、公営住宅の性格が変わり、供給量も従来に比べて大幅縮小を余儀なくされることになる。

　これは住宅政策における公的住宅供給の大規模な後退を意味するが、これによりこれまで、公的住宅の供給計画目標を掲げてきた住宅建設5カ年計画は成立し得ないことになってしまったわけである。これらの改革、法改正は、今後、住宅供給を民間市場に大幅にゆだねることを明確にしたわけであるが、このことは、住宅建設計画法の終焉を意味する以外の何ものでもないといっていいだろう。

　このように住宅政策が市場化に向けて加速していくなかで、日本経団連が2003年6月、「『住みやすさ』で世界に誇る国づくり—住宅政策への提言」を発表する。この提言は、民間主導により「狭い住宅」から「ゆとりある住宅」へ、あるいは「寿命の短い住宅」から「多世代にわたって大事に住まう住宅」へ、これを「ライフステージに応じた循環型の住宅市場の構築」によって実現することこそ待たれ

ているといい、そのために「住宅のみならず住環境も含めた整備目標や国、地方公共団体、民間等のそれぞれの役割を示した、『住宅・街づくり基本法』の制定を提案する」というのである。これは住宅政策がその方向をふくめて、法そのものを再検討しなければならない事態に直面しているときに、いわば政府を後押しするきわめてタイミングのよい提言であったといえるだろう。

これら国、経済界の動向を総まとめしたのが2006年9月に出された社会資本整備審議会（住宅宅地分科会会長・八田達夫氏）の答申「新たな住宅政策に対応した制度的枠組みについて」である。

この答申は「Ⅱ．住宅政策の方向性を示す制度的枠組みの構築」の中で、「1．住宅政策の基本法制の必要性」として基本法の制定を提言する。その内容は「ⅰ）国民、事業者、行政が共有して目指すべき住宅政策の基本理念を確立し、ⅱ）その実現のための各主体の役割を明確化し、ⅲ）基本理念に基づき、他の行政分野との連携を緊密にしつつ、各種施策を総合的かつ計画的に進めるための制度的枠組み、すなわち、住宅政策に関する基本法制と、これに基づく新たな計画体系を整備すべきである」というものであった。

ここでいう「基本理念」とはどういうことを指しているのか。同答申によれば、それは「国民一人一人が真に豊かさを実感できる住生活を実現するため、国民・事業者・行政が共有して目指すべき住生活に関する普遍的な考え方」であり、それらは具体的にたとえば「良質な性能、住環境及び居住サービスを備えた住宅ストックの形成」、「市場における多様な居住ニーズの適時適切な実現」、「住宅の資産価値の評価・活用」、「住宅困窮者の安定した居住の確保」といった考え方であるとした。果たしてこれが住宅政策における「基本理念」と呼ぶに値するものかどうか、答申が行われた当時、危惧を抱いた向きが少なからずあったのは当然といえるだろう。

この答申を受けて国土交通省で法案作成作業に入るが、法案の名称が「住生活基本法」となったことについて同省住宅政策課は「省内検討においては『住宅基本法』を仮称として用いていたが、内閣法制局

第4章　日本　住生活基本法

の審査の中で『住生活基本法』の題名に修正された」と説明している（同課監修『逐条解説住生活基本法』ぎょうせい）。その修正の理由は、この法律による政策対象は住宅単体のみならず居住環境をもふくんでいる、施策の推進に当たっては住宅関連業者のほか福祉・医療サービス業者など住生活関係者との連携が欠かせない、ことなどによるという。

　名は体を現すとはいうが、これはおりから政府が加速させていた各種政策の市場化を受けて行われた名称変更といっていいだろう。つまり法に住宅関連業者を位置づけ、住宅市場の拡大を意図したものである。わが国における基本法第一号は1947年に制定された教育基本法で、以降2005年に制定された食育基本法まで計28本の基本法があるが、こうして2006年に制定された住生活基本法は同法に次ぐ29本目の基本法となったわけである。同時に住宅建設計画法は廃止される。

　住生活基本法は、住宅建設計画法に代わって制定された。では住宅建設計画法とどのような相違があるだろうか。基本法と計画法の名称のほかに違うのはどういう点か。まず指摘できるのは、住宅建設計画法が全10条のコンパクトなものであったのに対し、住生活基本法は全22条から構成されていることが挙げられる。

　その中で第1条（目的）を見てみると、住宅建設計画法が「住宅の建設に関し、総合的な計画を策定することにより、その適切な実施を図り、もつて国民生活の安定と社会福祉の増進に寄与することを目的とする」としていたのに対し、住生活基本法の法は「住生活の安定の確保及び向上の促進に関する施策について、基本理念を定め、並びに国及び地方公共団体並びに住宅関連事業者の責務を明らかにするとともに、基本理念の実現を図るための基本的施策、住生活基本計画その他の基本となる事項を定めることにより、住生活の安定の確保及び向上の促進に関する施策を総合的かつ計画的に推進し、もつて国民生活の安定向上と社会福祉の増進を図るとともに、国民経済の健全な発展に寄与することを目的とする」と述べている。しかし、「基本理念を

定め」といっているのに、その基本理念は以下の第3条以下にしるされているというにもかかわらず、それは良質な住宅、居住環境の形成であるということで、具体的な国民の居住権に関わる理念などは条文のどこにも十分には明らかにされていない。さらに住生活基本法はその目的に、この法律を住宅関連事業者の企業活動、つまり住宅市場を視野に入れており、それにより経済発展を期するとしているところが特徴的といえる。

　住宅政策の実施主体としての国と地方公共団体の「責務」については、計画法が第2条において「国及び地方公共団体は、住宅の需要及び供給に関する長期見通しに即し、かつ、住宅事情の実態に応じて、住宅に関する施策を講ずるよう努めなければならない」としていたのに対し、基本法は第7条で3項にわたり述べている。すなわち「国及び地方公共団体は、第3条から前条までに定める基本理念にのっとり、住生活の安定の確保及び向上の促進に関する施策を策定し、及び実施する責務を有する。2．国は、基本理念にのっとり、住宅の品質又は性能の維持及び向上に資する技術に関する研究開発を促進するとともに、住宅の建設における木材の使用に関する伝統的な技術の継承及び向上を図るため、これらの技術に関する情報の収集及び提供その他必要な措置を講ずるものとする。3．国及び地方公共団体は、教育活動、広報活動その他の活動を通じて、住生活の安定の確保及び向上の促進に関し、国民の理解を深め、かつ、その協力を得るよう努めなければならない」というわけで、国や地方公共団体の責務に加え、住宅関連事業者（住宅産業）の事業内容にまで踏み込んでいるのが見てとれ、基本法としては異色の内容となっている。

　住宅建設計画法がその主な施策内容としていた住宅建設5カ年計画の代替策として基本法は、住生活基本計画の全国計画、都道府県計画を策定するとしている。全国計画を作成するのは国土交通大臣で閣議決定を得なければならない。都道府県計画は地方の時代とはいいながら国土交通大臣の同意を必要とし、相変わらず中央主導の内容になっている。

このように住生活基本法と住宅建設計画法を比較すると、基本法は計画法の延長線上にありながら、より経済法的側面を有する法といえるだろう。

II　住生活基本法の分析と評価

住生活基本法の制定でもっとも注目されていたのは、そのなかに国民の居住権保障がいかに書き込まれるかということであった。さらに居住権を保障するための住宅政策における基本原則をどう明示するかが注目され、衆参両院の国土交通委員会審議においてもそれらの点が野党議員から指摘されたが、果たして制定された法はそれにどう応えるものになったろうか。

1　人権としての居住権

あらためるまでもなく憲法第25条は「すべて国民は、健康で文化的な最低限度の生活を営む権利を有する。②　国は、すべての生活部面について、社会福祉、社会保障及び公衆衛生の向上及び増進に努めなければならない」と、国民の基本的人権としての生存権と国の生存権保障義務を明らかにしている。住居とは、この条文がいう「健康で文化的な最低限度の生活」を実現するための必須条件であるから、居住権は国民の基本的人権のひとつと解していいだろう。

この条文でいう社会福祉とは国民の生活をできるだけ豊かにすること、社会保障とは国民の生存を公共扶助または社会保険により確保すること、公衆衛生とは国民の生命と健康を保全し増進することを指している。この憲法第25条の最大の眼目は、すべての国民が社会生活において人間の尊厳を確保することのできる最低限度生活の保障を国に請求でき、また国はこれを社会福祉、社会保障、公衆衛生を通じて実現しなければならないことを指していることにあるといっていいだろう。戦後まもなくは国もこの主旨に沿って立法に当たってきた経緯がある。すなわち1951年に公営住宅法の制定に当たって建設省は「これは憲法第25条の規定の趣旨に即したものであり、公営住宅の供

給が、単なる勤労者の住生活安定のみならず、社会福祉政策として位置づけられていることが明らかにされている」と説明（小泉重信「公営住宅の変遷と評価」＝『ジュリスト』1973年7月15日号）している。国も憲法第25条の規定を真摯に解釈していたのである。

　この解釈が法律学において揺らぎだしたのは、1967年に最高裁判決が出た朝日訴訟以降である。

　同事件は憲法第25条を具体化する生活保護法に基づく厚生大臣の違憲性（生活保護基準をめぐる被保護者の保護請求権の権利性を争ったもの）について「（憲法第25条の）この規定は、すべての国民が健康で文化的な最低限度の生活を営み得るように国政を運営すべきことを国の責務として宣言したにとどまり、直接個々の国民に対して具体的権利を賦与したものではない」（1948年、食糧管理法違反事件に対する最高裁判決）を受けたかたちで「保護基準の設定は厚生大臣の裁量のうちに属することであって、その判断については、法の趣旨・目的を逸脱しないかぎり、当不当の問題を生ずるにすぎないのであって、違法の問題を生ずることはない」と、その解釈は国の裁量によるとの判断を下した。以降、国民の生存権については、このプログラム規定論が法律学を支配することになるのである。

　具体的にプログラム規定論とは、憲法第25条で示している生存権は具体的な請求権を与えたものではなく、国もこれに応じて具体的に義務づけられるわけではなく、したがって現実の措置が国民にこの権利を実質的に与えていないとしても、訴訟により救済を求めることはできないことを指している。つまり憲法第25条の規定は、極論すれば「目標」にすぎないという解釈といえよう。

　憲法第25条の解釈については、ほかに抽象的権利説、具体的権利説があるが、この最高裁の消極的な判断以降、このプログラム規定論が法律学の世界を支配することになり、前述しているように、この生存権を基礎とした居住権に関しても、その論議はすでに「終焉」していると語られる（法律学界において、この論議が積極的に行われてきたとは必ずしもおもえないが）にいたっているわけである。

第4章　日本　住生活基本法

　しかし、法律学的解釈が国民の生存権保障に消極的であるとしても、政策的には国がその実現に責務を有しているのはいうまでもない。それは、その時々の国家の社会経済的なレベルに沿って掲げられる目標に向けて、政策的に実現されなければならないものである。それが最高裁判断によれば、国の裁量により決定されるとするなら、国はその責務を負う。そうした意味で公営住宅法が、憲法第25条の理念を具現するためと、その立法主旨を述べていたのは理にかなったことであったといっていいだろう。

　それを受けて住生活基本法においては、何よりも国民には生存権としての居住権があり、国はそれを保障する責務があることを明示する必要があった。基本法はその性格として実定法を支配することにある。したがって実定法が憲法の理念に沿って運用されるべく、憲法と実定法をつなぐ役割として、この居住権を明示する必要があるわけである。

　しかし、住生活基本法においてそれはどこにもしるされていない。国民の居住権に関しては、それに近いニュアンスの文言が第6条において「住生活の安定の確保及び向上の促進に関する施策の推進は、住宅が国民の健康で文化的な生活にとって不可欠な基盤であることにかんがみ、低所得者、被災者、高齢者、子どもを育成する家庭その他住宅の確保に特に配慮を要する者の居住の安定の確保が図られることを旨として、行われなければならない」と述べられているのみである。

　国土交通省の法案説明文書によれば、これは2005年に出された社会資本整備審議会答申が、居住権は包括的権利として基本法制に定めることについての国民的コンセンサスがあるとはいえない、としているためということである。さらにこの第6条は、ハビタットⅡにおけるイスタンブール宣言の趣旨にも合致していると説明している。この不可解な説明は、国の国民の居住権に係る認識が公営住宅法制定時より大きく後退し、それを政策的に実現を可能にしうる社会経済の水準と条件が熟しつつあるにもかかわらず、プログラム規定説になお支配されつづけ、それを奇貨として政策的努力から逃れようとしていることを物語る以外の何ものでもない。

本来、プログラム規定論は、最高裁判断の底流にある思想を忖度すれば、生存権を積極的に認めることはしないまでも、その実現に向けての不断の政策的関与を国に求めていると考えるのが妥当である。それを国民の具体的権利ではないと結論のみつまみ食いして、政策的プログラム自体を無視してしまうのでは、不誠実きわまりないといっていいだろう。

　これは、韓国憲法が第34条第1項において「すべての国民は、人間らしい生活を営む権利を有する」と居住権を明記し、第35条第3項で「国家は、住宅開発政策等を通じてすべての国民が快適な住居生活を営むことができるよう、努力しなければならない」と規定、2003年に制定された住宅法がこの基本理念を受けて、国民が快適で住みよい居住生活を送ることが可能な住宅政策を実施するのを国、自治体の責務と明記しているのと、きわめて対照的である（韓国住宅法の詳細については前章の尹論稿において詳述）。

　この彼我の差はどこから生じているのだろうか。それはたぶんに政権政党の立党基盤、それによる思想の相違、国民の政治に対する期待感と要求の度合い（政治意識）の違い等によるところが大きいと見られるが、正確にはわからない。それは両国における今後の研究に待つしかないだろう。いずれにしても、ここでは日本と韓国の住宅に関する基本法の基本的な相違を指摘しておきたいのである。

2　住生活基本法の内容

　住生活基本法の主な内容について簡明に触れておきたい（条文については参考資料参照）。

　同法は全4章22条からなっているが、その第1条（目的）からして前記経団連の提言に沿ったものになっているのが特徴的である。国土交通省の法案説明文書によれば、この第1条の目的規定は① 基本理念を定め、② 国、地方公共団体、住宅関連事業者の責務を明らかにし、③ 基本的施策を定め、④ 住生活基本計画などの基本事項を定めたもの、ということである。

第4章　日本　住生活基本法

　これを住宅建設計画法と比べて見ると、住生活基本法が特異な法であることがあらためて理解できるだろう。計画法第1条の目的規定は「国民生活の安定向上」と「社会福祉の増進」を法の目的としていたが、基本法ではこれに加えて「国民経済の健全な発展に寄与」することが目的として加えられている。

　この点こそ経団連の意向がもっとも顕著に反映されているところである。国土交通省の説明文書は、これは「国民の豊かな住生活を実現するために、民間活力、既存ストックを活用する住宅市場を整備」することを明らかにしたもので、基本法の市場重視、ストック重視の方向を示している、というのである。ここで、この目的規定になぜ住宅関連業者が入っているかが初めて理解されるのである。この基本法は、国民の住生活に係るだけでなく、業者のために市場を確保するのを約束した法でもあるのである。

　基本法は第3条から第6条までに法の基本理念を規定しているかたちをとっている。つまり、第3条「良好な住宅の供給等」、第4条「良好な居住環境の形成」、第5条「住宅購入者等の利益の擁護及び増進」、第6条「居住の安定の確保」、である。これはだれが見ても住宅政策の目的といったほうがよく、果たして基本法の理念といえるかどうかは別として、ここでも気になるのは、この法におけるひとつのキーワードといえる住宅関連業者がどう位置づけられているかということである。

　そのキーワードは第5条に「民間事業者の能力の活用」という文言で出てくる。国土交通省の説明文書によれば、国民の住宅需要は多様化・高度化していて、良質の住宅のストック形成を図るには住宅市場の役割、民間事業者を活用することが重要である。そのためにここでは民間事業者の能力の活用、民間市場の重視すべきとの認識を明らかにしたのだという。以下、第8条「住宅関連事業者の責務」では条文そのものが事業者について触れたもので、第9条「関係者相互の連携及び協力」においても、そのあり方について述べられていて、まことに手厚く、小泉構造改革の方向がそのまま反映されることになって

いるのである。

　第7条「国及び地方公共団体の責務」は、第1項で国、地方公共団体の施策の策定・実施の責務、第2項で住宅の品質・性能に係る技術及び木造伝統技術に係る情報収集・提供について、第3項で国民の理解の増進等について述べたものである。ここで重要なのは第1項であるのはいうまでもない。第1項ではその責務が「第3条から前条までに定める基本理念にのっとり、住生活の安定の確保及び向上の促進に関する施策を策定し、及び実施する責務を有する」とある。

　ここでは、その責務の主体として国と地方公共団体を並列しておき、両者がそれぞれの立場で施策の実施に当たることがしるされているが、では両者それぞれの役割とはどのようなものか。

　その捉え方について国土交通省の説明文書はいう。すなわち① 国は、住宅事情や社会経済情勢の変化、市場の動向や将来見通しを踏まえ、中長期的ビジョン・プログラムの提示、税制、金融、市場のルール作りといった制度インフラの整備等、全国的・広域的見地からの住宅政策を総合的に推進する、② 地方公共団体は、地域における総合的な行政主体として地域の中長期的ビジョン・プログラムの提示、地域の多様な居住ニーズに的確に対応するための住環境整備、公営住宅等の供給・管理を通じた住宅困窮者の居住の安定の確保等、地域の住宅事情の実態や地域の特性を踏まえたきめ細やかな政策展開を行う、役割をそれぞれ担うというわけである。

　ここでいえるのは、その責務、役割について条文が「責務を有する」「講ずるものとする」「努めなければならない」と書き分けて、順位をつけ、強い責務を課す「責務を有する」よりも、それより軽い「講ずるものとする」「努めなければならない」努力義務規定が多いことである。しかも、これは法全体に共通していることであるが、その責務を有する「住生活の安定の確保及び向上の促進」とは、具体的にどういうことを指しているのかが、どこにも書かれていない（韓国の住宅法には書かれている）から、責務規定としては曖昧なものになってしまっている。この説明には用語の使い方にもおかしいところがあ

第4章　日本　住生活基本法

る。たとえば公営住宅という用語は（現に公営住宅法は存在するが）、公的賃貸特措法では「地域住宅」の名称で他の公的賃貸住宅とまとめられてしまって消えているのに、この説明ではなお「公営住宅」の用語が使われているといった具合いなのである。あるいは、それを糊塗するために「公営住宅等」としているのもしれないが、いずれにしても曖昧な規定といえよう。

それでいて第9条「住宅関連事業者の責務」に関しては、かなり具体的にしるされている。ここは住宅建設計画法では触れられていなかったところである。それが第9条では、事業者は住宅の設計、建設、販売、管理の各段階において安全性などについて「必要な措置を適切に講ずる責務を有する」と書かれているのである。これは、この法で大きな位置を占めている事業者に対し、その対価としての責任を課していることを示すために書き込まれたものと解していいだろう。これはいわば国土交通省にとってのエクスキューズといえなくもない。

さて基本法では、住宅政策の基本的施策についてはどのように触れられているだろうか。第11条以下でそれが明らかにされているが、ここでも主役は住宅関連事業者である。つまり、まず第11条に書かれているのは「住宅の品質又は性能の維持及び向上並びに住宅の管理の合理化又は適正化」についてである。それが基本的施策の最初に掲げられているが、果たしてこれが住宅政策の最優先課題といえるかどうか、疑問を抱く向きは少なくあるまい。住宅関連事業者に関しては第13条においても（住宅の供給等に係る取引の確保及び住宅の流通の円滑化のための環境の整備）というところで述べられている。

国と地方公共団体が行うべき施策については、第12条で「地域における居住環境の維持及び向上」として触れられる。しかし、ここで述べられているのは、あくまで居住環境についてであって、国民の住宅を確保するための施策についてではない。住宅政策でもっとも重要なのは、劣悪な居住水準にある世帯やさまざまな理由により居住継続が困難な世帯の住宅をいかに保障するかにあるのは論を待たない。つまり、それらの人々の居住権を保障するための改善策である。これに

触れられていないのは、結局のところ、この基本法が国民の居住権について素通りしようとしているからにほかならない。

さらに、この第12条でいう「居住環境」について深読みすれば、それが国、地方公共団体の施策のみで形成されるものでないことは明らかで、再開発を見ればわかるように関連事業者による事業が不可欠である。現に国土交通省は、この条項はまちづくり施策と連動さるべきものであると説明しており、とすれば、ここにおいても事業者の事業の場が確実に確保されることになる。つまり民間市場の拡大が図られるわけで、ここで日本経団連が提案していた「住宅・街づくり基本法」の影響の大きさをあらためて理解することになるのである。

国民の居住改善と居住継続に欠かせない、住宅政策において中心的役割を担う住宅供給については、第14条「居住の安定の確保のために必要な住宅の供給の促進等」において述べられている。ここでは「高齢者向けの賃貸住宅及び子どもを育成する家庭向けの賃貸住宅の供給の促進その他必要な施策を講ずるものとする」とされている。これは、とくに低所得層に配慮した住宅供給施策について触れたものといっていいだろう。具体的には公営住宅の供給に言及していると解される。しかし、それはここでも「講ずるものとする」である。

だが、その公営住宅の現状を見れば、新規の建設・供給は多くの地域でストップしており、入居者に対する定期借家権（期限付き入居）制度の適用が一般化している。また、入居承継に係る承認の運用基準が厳しくなり、原則として配偶者と高齢者、障害者等でとくに認められたもの以外は承継できなくなったり、収入超過者に対する一律的な自主退去や近傍同種家賃にならった割り増し家賃制度の適用が行われることになるなど、入居者は厳しい状況に置かれるにいたっている。

新規供給に関しては「講ずるものとする」であり、既存住宅の管理については入居者の居住継続が厳しくなっていっている。このように見てくると、この基本法が何といおうと、低所得層を取り巻く住環境は今後いっそう困難なものになりかねないといっていいだろう。

第15条以下、第18条までは、住生活基本計画について書かれた

第4章　日本　住生活基本法

ものである。この基本計画のうち全国計画は、国土交通大臣が閣議に提出し決定するもので、その通知を受けて都道府県が都道府県計画を作成することになっていて、地方分権とはいいながら市町村が関与しうる余地はまったくない。地域の住宅需要にもっとも熟知しているはずの市町村は、都道府県計画にも地域の実情を反映させることができない仕組みとなっているのである。あえて実情を反映させたいとしたら、第15条がいう「インターネット」を利用して「意見」を伝えるしかない。

　他の法律との整合性も図られていない。つまり公的賃貸特措法第5、6条によれば、地方公共団体は、地域の公的賃貸住宅整備に関して地域住宅協議会を組織して、そこで協議した基本方針に基づき「地域住宅計画を作成することができる」とある。住生活基本計画（全国、都道府県計画）と、この地域住宅計画とはどう関連するのか、それがこの第15条以下では明らかにされていないのである。両者は別ものということであろうか。また住宅セーフティネット法（住宅確保要配慮者に対する賃貸住宅の供給の促進に関する法律）、ホームレス自立支援法（ホームレスの自立の支援等に関する特別措置法）との関係も、はっきり触れられていない。

　しかも、この基本計画が「計画」とはいいにくいのは、その計画期間について国土交通省の説明文書は「当面は10年程度とする」としているものの、「その時々の社会経済情勢の変化や政策課題を踏まえて設定するので、住宅建設5カ年計画のようには固定化しない」としているところにある。これは国の都合によってはいつでも計画を変更しうることを意味しており、この基本法において国民の居住権について素通りしているのとともに、大きな問題点といっていいだろう。

　もちろん他にもさまざまな問題点があるのはいうまでもない。

Ⅲ　あるべき住宅基本法との乖離

　基本法としてもっとも重要な機能は、関連実定法に対して、それらに貫かれるべき規範を示すことであるのはいうまでもない。なかでも

国民の居住権はその規範として第一に掲げられなければならないものであった。ほかに本来掲げられるべきなのに触れられていない規範にどういうものがあるだろうか。ここでは住宅政策に係る基本法として最低限触れておかなければならなかった項目について述べておきたい。

　第一は、国民の居住権を保障するに足る住居基準である。住生活基本法では、第3条などにしきりに「良質な住宅」という用語が出てくるが、どういう住宅を良質な住宅というのかが明らかでない。住宅建設計画法では第4条「住宅建設5カ年計画」と第9条「住宅の建設基準」に基づき、第3期5カ年計画（1976年閣議決定）以降、最低居住水準と平均居住水準（第5期計画以降は誘導居住水準と変更）が数値で明示されてきた。ちなみに第4条第3項においては「入居者の負担の能力を考慮し、かつ、適切な規模、構造, 及び設備を有する居住環境の良好な住宅」と述べられていた。

　第3期計画では、この最低居住水準（4人世帯で3DK・50平方m）未満の世帯を85年までに解消するとしていた（2003年住宅・土地統計調査によれば、三大都市圏の民間賃貸住宅で11.7％がなお最低居住水準未満世帯となっている）。しかし、住生活基本法では計画法第9条のような規定はなく、施行規則による「別紙」で触れられているにすぎない。これは住宅政策における規範としての住居水準の位置を相対的に低下させたものといっていいだろう。ちなみに韓国の住宅法においては、この居住水準を明記している。

　第二に、前述計画法第4条第3項に述べられている「入居者の負担の能力」を反映した、つまり入居費についてである。基本法第3条では、それが「居住者の負担能力を考慮」した住宅の供給、建設というふうに述べられている。しかし、この負担能力をどう捉えるかについては、どこにも触れられていない。

　かつて住宅政策審議会の1967年答申「適正な住居費負担について」では、「すべての世帯が適正な住居費負担をもって適正な住宅水準の住宅に居住することができるようにする」とし、その後の75年答申では適正な住居費について「所得第一分位の標準世帯の負担限度

をおおむね15%程度とする」と具体的数値を出していた。英国では、こうした住居費負担率を超える世帯に対しては家賃割引、家賃手当ての措置がとられ、米国では家賃補助、住宅税額控除などの制度がある。それらにくらべて基本法は遅れをとっているばかりか、かつて30年以上前に示された国の考え方よりも大きく後退したものといっていいだろう。

わが国では90年代以降、福祉的要素を考慮した公的賃貸住宅でも、その家賃が市場家賃化される動きが加速されている。これに合わせて民間賃貸住宅家賃も年々高額化し、ホームレス化せざるをえない若年層が増えていることが、社会福祉関係者などから報告されている（たとえば（「世界」2008年1月号の遠藤比呂通『住居と住民登録を奪われた人々に──逃れの街・釜ヶ崎』など）。そうした状況から家計を圧迫しない適切な住居費負担を設定し、それに耐えられない世帯について家賃低減を図る施策（たとえば家賃補助）が制度化されることが待たれているといっていいだろう。しかし、この基本法では、それに素通りしてしまっているのである。これはこの基本法において国民の居住権が明らかにされていないのと無縁でないのはいうまでもない。

第三は、不良住宅の監視と改善のための制度である。基本法では別紙であるとはいえ、あるべき住居水準に触れているのであるから、それに満たない住宅を見つけ改善を命じる制度があってしかるべきであろう。今日、住宅市場のなかで発生している欠陥住宅や悪質リフォーム、あるいはアスベストなどによるシックハウス等を監視、改善させるのは居住者保護の観点から喫緊の課題といっていい。これは住宅に関する基本法のもっとも現代的な課題のはずある。しかし、この肝心のところに踏み込んでいない。この点に触れてこそ基本法の趣旨である「ストック重視」が生かされることになるはずなのに、である。

第四は、居住における差別を禁止し、定住を保障することが盛り込まれていない点が挙げられる。ハビタットⅡのアジェンダ（行動指針）は「公平な人間居住とは、すべての人々が民族・肌の色・性別・言語・宗教・政治的あるいは他の意見、出身国家あるいは社会、財産、

出生あるいは他の地位によるいかなる形態の差別なしに、住居・インフラ・保健衛生サービス・適当な食料と水・教育・そして公共の広場への平等なアクセスを持つことである」としている。この国際的合意にしたがえば、居住差別があってはならないし、まま見られる強制的退去を禁止し、人々の定住、つまり居住継続が保障されていなければならない。ここでもこの基本法に居住権が明記されていないことが、それが盛り込まれていない理由になっているのは疑いの余地がないといえよう。

　第五は、住居の主体はあくまでも人間、つまり国民のはずである。とすれば国民が自らの住居や住環境に係る国、地域の住宅政策に参加し、自らと地域にとってもっとものぞましい政策策定に参加する制度があるべきであろう。公的賃貸特措法においては、地方公共団体が地域住宅協議会を設置することができるとしているが、この協議会には住宅関連事業者はメンバーになっているが、地域住民の参加は排除されている。これでは地域住民の真の需要に即した施策は展開不可能に違いない。

　住生活基本法制定に当たっては、衆議院、参議院の両国土交通委員会においてさまざまな観点からの付帯決議がなされているが、そこに共通しているのは基本法がもっとも重視すべきなのは、住宅弱者のセーフティネットとしての施策をこの基本法によって展開すべきだということであった。しかし、この基本法がそうした付帯決議にこたえられるものかどうか、はなはだ心もとないといわざるをえないといっていいだろう。

Ⅳ　住生活基本法制定まで

　住宅基本法の最初の提案が同潤会の研究会によってなされたことは前述している。それは正確には、後藤新平が主宰する、池田宏らの内務省官僚や関一らの学者らによる都市研究会が1919年に発表した「都市住宅政策と本会の決議」のなかで提言されていたものである。その「第六」に「住居法の制定」としるされている。その認識は、都

市については都市計画法が、建築については市街地建築物法という基本法が制定されたので、次は住居に係る基本法が必要ということに尽きる。これを受け、内務省社会局の組織を受け継ぎ1938年に発足した厚生省が遅ればせながら翌年、同潤会に対しその検討を命じる。その命令には、住居法案の検討をはじめ、わが国における庶民住宅の供給・改善についての研究までふくまれていた。その結果、ここに同潤会による住居法の検討が始まることになるわけである。

同潤会は早速、住宅制度調査委員会を設置するが、そのなかから選ばれた少人数のメンバーにより住居法案要綱作成小委員会が設置される。この小委員会はその設置目的の主旨を① 狭義の住居法を立案する、② 広く住居に関連する法令を「住居法」的見地から検討する、③ 立法主旨の確立、の三点にあるとしていて、同小委員会が本格的住居法案を作成しようとしていたことが理解できる。

この住居法案の内容に先鞭をつけたのは関一（関『住宅問題と都市計画』）で、関は住居法の規定で最も重要なのは、住居の最低限度を定めることであるとした。その住居の最低限度とは、「文明国民として必要なる最低の標準」であって、「衛生上風紀上の両方面より定むべく居住者一人当たり居室又は寝室の大きさ則ち気領は最も重要なる事」である。

次いで重要なのは、この最低限度に達しない住居に対する改善策であると関は指摘した。「英国に於ては建物が居住に適せざる程度に於て健康に危険及有害なる時は閉鎖命令に依りて使用を禁じ、所有者は3カ月内に建物を除却し、之を移転せざるべからず」と、英国の例を挙げていた。これらをふくめて関が住居法のなかに最低限盛り込むべきとしたのは、住居基準、住居改善、住居監督、住居調査、住宅供給の各項目であった。同潤会の研究会がこれに大きな影響を受けたのは疑いの余地がない。

当時、住居法案要綱作成小委員会で要綱作成に当たっていた厚生省技師・早川文夫（戦後、住宅金融公庫を経て名古屋大学教授）が保存・所持していた1941年3月の日付がある文書に同小委員会がまとめた

「住居法ノ内容トナルベキ事項」が以下のようにしるされている（本間『戦後住宅政策の検証』）。

 基本事項 住居行政機構ニ関スル件
     住居調査ニ関スル件
 量ノ問題 住居供給機関ノ設立（住宅会社法、住宅組合法）
     住居供給機関ノ調整、監督
     住居供給ノ勧奨、強制
     住居供給ニ対スル補助
 質ノ問題 住居標準ニ関スル件（基準）
     国民住居普及ニ関スル件（建設）
     住居監督ニ関スル件（予防）
     既存住居ノ改良ニ関スル件（改造—不良住宅地区改良法）
 其ノ他ノ関連事項 以下（略）

　ここには関の指摘をふくめて、当時国民住宅といわれた住居に係るあらゆる問題（それは、あるべき住宅基本法案が包含しなければならない内容にほかならない）が網羅されており、同小委員会が広く外国事情なども研究して、真剣に要綱の取りまとめに取り組んでいたことがわかる。ここに住宅政策の理念や国民の居住権まで触れられていないのは、当時の国家社会の状況から見てやむをえなかった、当時としては最善の内容と見ていいのではないだろうか。しかし、同小委員会は住居法案の作成までにはいたらなかった。上記のような法案要綱の骨子を体系化するに終わった。上部機構の住宅制度調査委員会自体が四つの部会の報告書の未定稿をまとめるにとどまり、それに基づき法案を作成すべき小委員会も具体的作業に入れなかったためである。

　とはいえ、この小委員会の作業結果は意味のないものではなかった。要綱にしるされた国民住居標準要綱案や住宅供給対策要綱案などはのちに同潤会の後身といっていい住宅営団に引き継がれることになるし、また要綱の内容は何よりも戦後、さまざまな場で検討されることにな

第 4 章　日本　住生活基本法

る住宅基本法に関する指針となったからである。

　戦後の住宅基本法案制定提案の動きは、大きく政党と住宅政策所管の建設省、加えて住宅運動団体によるものの三つに分けられる。

　政党については、公明党が 1969 年に住宅基本法案を国会（衆議院）に提出していることを前述している。同党は引き続き 73 年、77 年にも同じ法案を提出しており、同 77 年には社会党が住宅保障法案の名称で提出、93 年には社会、公明、民社三党の共同提案による住宅基本法案が提出されている。住宅基本法案は当時の野党により計 10 回、国会に提出されているが、いずれも審査未了に終わっている。その内容はいずれもほぼ同じものといっていいだろう。

　社会党案は全 8 章 39 条、公明党案は全 7 章 28 条からなっていたが、その骨格部分を見ると、社会党案は第 1 条と第 2 条で、公明党案は第 1 条で住宅政策の理念を明示している。すなわち社会党案は「ゆとりのある住生活を営むに足りる」住宅の確保を政策の目標に掲げ、その達成により「国民生活の安定向上と社会福祉の増進に寄与する」としている。また公明党案は「国民の住生活の安定向上は国民生活における緊急かつ重要な課題」であり、「国民生活の安定と社会福祉の増進に寄与す」ことを目的としている。

　国、自治体の責務規定に関しては、その施策の質について、社会党案が第 3、4 条で「前条の目標を達成するた」に「ゆとりのある住生活を営むに足りる住宅の確保」を目指すとしており、公明党案第 2-4 条は「すべての国民に対し健康で文化的な生活を営むに足りる住宅を確保し、国民の住生活を適正な基準に安定させるため」の施策を実施しなければならないとしている。

　住宅の基準については、上記責務に対応して社会党案が第 8、9 条に於いて「ゆとりのある住生活を営むに足りるものとして」であり、公明党案第 7-9 条は「健康で文化的な生活を営むに足りる適正な」基準とし、その基準をどう確保していくかに関しては、公明党案第 9 条が住居費負担の基準、居住水準に関する基準の両方について、その確保をうたっている。これらの基準と具体的施策の関連については、

社会党案で民間賃貸住宅に居住する者に対する援助が触れられているが、公明党案ではそれに加えて公的資金住宅等の供給について規定している。

住宅供給の計画に関しては、社会党案第10-15条で計画の手続きにボトムアップという従来にない手法を用いることが示されており、このため基本法としては異例の詳細な手続き規定を置いているが、公明党案（第10条）では手続きについての規定は置いていない。

補助規定では、社会党案第27条（民間賃貸住宅に居住する者に対する援助）において「国及び地方公共団体は、国民の住生活の向上を図るため、公共住宅以外の賃貸住宅に居住する者が第8条第1項の住居費の負担に関する基準を超えて家賃その他の負担をしている場合であって、その負担がやむをえないものと認められるときには、その者に対し必要な援助を行うものとする」と一般的家賃援助を打ち出している。公明党案では、低額所得者に対する公的住宅の供給（第15条）のほかに、高齢者、母子家庭、心身障害者に対する公的「福祉」住宅の供給（第16条）を明記している。

このように両党案を見て見ると、それが法案の形になっているだけに、住宅基本法に盛り込むべき内容がかなり具体的で、基本法のイメージが明確にされているといえる。しかし、ここでもまだ居住権については触れられていない。それはおそらく、両党案とも国会においてコンセンサスを得るために、各政党間で争点となりかねないとして避けたためであろうと推察される。とはいえ、政府がなかなか住宅基本法の制定に踏み切れないでいるのに、両党に加えて最終的には民社党も国会にこのような法案を提出していたことは評価されてしかるべきであろう（1994年に自民党土地対策調査会の「住宅土地対策推進に関する小委員会」が住宅基本法案の取りまとめを行うが、国会には提出されなかった）。

こうした政党の動きに対して建設省はどうであったか。同省の住宅宅地審議会が1975年8月に建設大臣あてに出した「今後の住宅政策の基本的体系についての答申」のなかで基本法の制定を求めたのにど

第4章 日本 住生活基本法

う対応したか。同答申は「住宅政策の抜本的改善を図るに当たり、住宅問題の基本的認識を明らかにし、新たな住宅政策体系を確立し、その円滑な推進を図るため、住宅基本法の制定について検討する必要がある」と述べて、「国民的合意を得て、その制定に努めるべきである」と建設省に要望している（『住宅宅地審議会答申集』）。

これを受けて建設省は1981年に住宅基本法案について、国会に対し「提出予定法案」として件名登録するが、提出はされなかった。以降、84年までの間に毎年、検討中法案として4回にわたり件名登録するが、提出されずに終わる。その理由は明らかでないが、住宅宅地審議会答申がそのなかで挙げていた住居基準については、答申の翌年の1976年にスタートした第3期住宅建設5カ年計画において「最低居住水準の目標」「平均居住水準の目標」として盛り込まれた経緯がある。しかし、建設省が住宅宅地審議会の答申を受け、国会に検討中法案として件名登録しながら、その提出を見送ったのは政策的怠慢といってしかるべきだろう。

こうした建設省の動きに住宅基本法制定をうながす動きを活発化させたのが住宅運動団体である。これまでに住宅基本法案の提案を行った団体はさまざまであるが、特徴的なのはそれら提案のほとんどが国民の居住権を盛り込んだ基本法を提案していることである。その嚆矢としていいのはたぶん、1982年に日本住宅会議が発足にあたり「人間にふさわしい住居と環境を求めることは、すべての国民の基本的権利である」と宣言したことであろう。その後、居住権はハビタットⅡ等において国際的に基本的人権として合意されるにいたり、それに呼応して、さまざまな団体が国民の居住権を核心とした住宅基本法の制定を求める提案を行うにいたることになる。

なかでその居住権を核として、基本法の具体的内容に踏み込んで何回も提案を行っていたのは、公営住宅や公団住宅入居者、都市再生機構労組などの団体が集まった「国民の住まいを守る全国連絡会」（坂庭国晴代表幹事）であろう。同会は2005年にその決定版といっていい「国民の住まいを守り豊かにする住居法の提案」を発表している。

この提案は基本法について、前文をふくめ、その主要項目の内容を明示しているが、その基調を貫いているのは居住権となっている。まず前文で「国は、日本国憲法の精神にしたがい、人間にふさわしい住居の確保が、健康で文化的な生活を営むために必要な、国民の基本的権利であることを確認し、国民の住宅確保の実現を図るために住居法を制定する」とうたい、次いで国民の居住権について「日本国民及び日本に居住する人は誰でも、人間にふさわしい住居に住む権利を有し、基本的権利として平等に保障される」とするのである。また、住居の水準と国の責務に関して「国民の住まいの基本的な水準を定め、憲法第25条に示される生存権の保障を国の責務とし、国民のための住宅政策の確立とその実行に国は責任を果たす」としている。その他、前記同潤会研究会が住居法に必要として挙げた住居費、既存住宅の改善などについても全面的に触れている。

　これは今日、先進的民主国家において住宅基本法を作成するとすれば、そうした内容になるのを示した一つのモデルといっていいかもしれない。そのキーワードはいうまでもなく「国民の居住権」である。しかし、わが国の政府はイスタンブール宣言後において制定したにもかかわらず、住生活基本法にそれを盛り込むことをしなかったわけである。これも大きな政策的怠慢といっていいだろう。

V　住宅政策の展望

　住生活基本法の制定に先立ち、住宅関連三法の制定、改正が行われたことは前述している。住宅関連三法とは、「地域における多様な需要に応じた公的賃貸住宅等の整備等に関する特別措置法」（以下、公的賃貸特措法と略）、「公的資金による住宅及び宅地の供給体制の整備のための公営住宅法等の一部を改正する法律」（以下、公営住宅法等の一部改正）、「独立行政法人住宅金融支援機構法」（住宅金融公庫廃止法、以下、住宅金融機構法）を指す。これらは上位法としての住生活基本法のもとで運用されることになるが、その結果、わが国の住宅政策はどう展開されることになるだろうか。その方向として見えるのは、国、

自治体の公的住宅政策からの撤退ということであり、それに代わり国民の居住改善はそれぞれの自助努力と市場にゆだねられるということである。

　この住宅関連三法がとつぜん出てきたものでないのはいうまでもない。それは小泉構造改革路線の仕上げのひとつとして、かねて用意されてきた、三つの意図を有したものといっていいだろう。そのひとつは、地方自治体との三位一体改革の延長線上にあるものであり、ひとつは特殊法人改革の最終的な仕上げであり、それに特殊法人改革と関連するが住宅政策の市場化、つまり公的住宅において民営化の拡大を図ろうというものである。いずれも小泉構造改革のプログラムに盛り込まれていたものばかりである。

　うち三位一体改革との関連で出てきたのが公的賃貸特措法である。同法の主旨は、国土交通省の法案説明文書によれば「社会経済情勢の変化に伴い、地域における住宅に対する多様な需要に的確に対応するため、国土交通大臣による基本方針の策定、地域住宅計画に基づく公的賃貸住宅等の整備等に関する事業又は事務に充てるための交付金制度の創設等所要の措置を講ずる」ところにある。この説明の後段にある「交付金制度の創設」（法律では、地域住宅交付金と呼ばれる）がこの新法の眼目といえる。

　つまり、この交付金制度は小泉内閣の三位一体改革による国の補助金の削減、税源委譲に伴って、公営住宅建設に係る補助金が廃止されるので、その代替措置として創設されることになったもので、2005年度予算として580億円が措置された。

　その地域住宅とは、「地方公共団体の自主性を尊重しつつ」、「国土交通大臣が策定する基本方針により」（第1条）、「公的賃貸住宅（地方公共団体が整備する住宅、都市再生機構、地方住宅供給公社の賃貸住宅、特定優良賃貸住宅、高齢者向け優良賃貸住宅等）」（第2条）を、都道府県や市町村、機構、公社等により組織できる「地域住宅協議会が作成できる地域住宅計画」に基づき「整備する」ものだという。これで見るとおり、この地域住宅の中には「公営住宅」の名称がすっかり落ちて

いることを、ここではあらためて指摘しておこう。公営住宅の名称は、補助金が切れたことにより法の住宅対策から消えたわけである。いずれにしてもこれ以降、公的賃貸住宅は以上のような仕組みのなかで供給されることになる。

それはさておき、事業主体は「地方公共団体」であるが、その責務については（国のそれをふくめて）第3条において「国及び地方公共団体の努力義務」という文言で述べられている。つまり「国及び地方公共団体」が地域住宅整備とその実施に果たすべきなのは、あくまでも「努力」であり、責務とはされていない。さらに住宅政策の無責任体制化を物語るのは第4条以下であろう。

つまり第4条にしるされているのは、国（国土交通大臣）が行うのは公的賃貸住宅整備の基本方針の策定だけということであり、事業主体たる「地方公共団体」は第5条において「地域の公的賃貸住宅整備に関して必要な措置を協議する」「地域住宅協議会を組織することができる」（この協議会に住宅整備事業者は予定されているが、地域住民の参加は認められていない）となっているだけである。第6条では「地方公共団体は基本方針に基づき、地域住宅計画を作成することができる」とある。「することができる」ということは、しなくてもいいということにほかならない。ここでは住宅政策の放棄が公然と認められている結果になっているといっていいだろう。

そして第7条で交付金について触れられているが、その額が2005年の場合、580億円であったことは前述している。580億円で「地方公共団体」から都市再生機構、特定優良賃貸住宅等、さまざまな全国の公的賃貸住宅建設をカバーしようというわけである。ちなみに同年度の公共事業関係費（事業費ベース、地方負担分をふくむ）は総額11兆4,300億円、うち住宅対策費（再開発、災害復興費などが中心）5,870億円であった。580億円というのは、その10分の1でしかない。さらにちなみに2003年度における国の公営住宅予算は3,450億円である。これはもはや地方は財政面から公的賃貸住宅を放棄ないし撤退してもいいということであろう。だから、その責務などについても曖昧

第4章　日本　住生活基本法

なものにしているとしかいいようがないのである。

　公営住宅法等の一部改正は、住宅政策の市場化、民営化の延長線上のものであるが、実はその中身は公営住宅法の一部改正、住宅金融公庫法の一部改正、都市再生機構法の一部改正、地方住宅供給公社法の一部改正、公営住宅法の一部を改正する法律（1996年）の一部改正という五つの法律を改正するという、ややこしいものである。しかし、この改正が意図しているところも重大である。

　つまり、公営住宅法の一部改正は県営住宅の管理等を市等に移管できる「公営住宅の管理主体の拡大」（第47条）を図るものであり、後段の同法一部改正は公営住宅建設の家賃収入補助（建設に係る用地費の金利負担分の補助金）を2005年度で廃止（第5条）することを定めたものである。だから住生活基本法に於いて地方公共団体の責務についても曖昧なものにせざるをえなかったわけである。

　現に公営住宅法（96年）の一部改正による家賃収入補助の廃止は、地方公共団体に新設公営住宅建設の意欲を失わせ、同事業からの撤退の口実を与えることになっている。

　さらに地方住宅供給公社法の一部改正で、公社の自主的な解散規定が整備されたことは、債務超過などの理由による経営難で、公社が公社住宅居住者の意向いかんに係らず恣意的な解散（民営化）をできることにしたものといえる。こうして地域における新規の公営をふくめた公的賃貸住宅制度は崩壊しかねない状況へ加速していき、公社住宅も民営化されかねない事態が避けられないのが、これら新法ないし法の一部改正なのである。

　都市再生機構法の一部改正は、これまでの宅地造成などの経過業務に係る勘定を設置、政府貸付金の繰上げ償還を内容にしたもので、具体的にはニュータウン整備などのまちづくりの事業を10年間の「経過業務」として措置し、経理区分も別勘定とし、この勘定に係る政府貸付金（財投資金約3兆円）の繰上げ償還を行い、代わりに金利（財投補償料）約7,000億円を減免する（不良債権処理と同一）というものである。この措置の対応策として都市再生機構は、団地住宅管理の民営

化、組織のリストラを行うことはまず避けられまい。すでに同機構自体の民営化も既定路線とされている。

　住宅金融公庫法の一部改正も「既往債権管理勘定の設置、政府貸付金の繰上げ償還」がその内容である。公庫の既往債権は約 410 万件、55 兆円にのぼる。これを特別勘定に移すとともに、政府貸付金約 10 兆円を繰り上げ償還（既往債権を証券化し、その資金を活用）し、金利約 1 兆円を免除するというものである。そのうえで公庫は廃止されることになり、2007 年 4 月に独立行政法人住宅金融支援機構になった。個人向け住宅ローンは全面的に民間に移された。持ち家により居住改善を図ろうとする人々は民間金融機関の厳しい選別のもとでしか住宅ローンを利用できなくなった。

　こうして見ればわかるとおり住宅関連三法とは、政府財政の負担を軽くし、また財投資金から住宅関係特殊法人に入れていた資金を急ぎ回収するため住宅政策の市場化をさらに促進し、国、自治体ともに住宅政策からの撤退を法制度的に裏付けるためのものにほかならないのである。これは政府が進めてきた構造改革の住宅政策面での総仕上げといっていいだろう。つまり「公」がしりぞき、「民」が前面に出てくる。

　これは戦後住宅政策の終焉を意味するものにほかならないが、その直接のきっかけが 2000 年に入ってからの構造改革による特殊法人改革にあることは間違いない。実はその根は 1980 年代後半の中曽根内閣によって始まった行政改革路線にあると見ていいだろう。同内閣は臨調・行革審を設けて、国鉄、電々公社の民営化を行ったが、86 年 6 月に当時住宅・都市整備公団の事業見直しに関する行革審答申を受け取るにおよんで、住宅不足は量的に充足されるにいたったとして、民間と競合して行っている分野は民間にまかせる、公団事業の見直しを迫ることになり、実際に公団は分譲住宅、都市再開発などの事業転換を行った。ここに今日におよぶ萌芽がある。つまり民間と競合している分野は民間にまかせるということが、以降の住宅政策に貫かれることになるのである。

第4章　日本　住生活基本法

　それを、国民の立場からあるべき住宅政策を検討しなければならないはずの住宅宅地審議会（現社会資本整備審議会住宅宅地分科会）などが後押しした。2004年12月に社会資本整備審議会住宅宅地分科会がまとめた「新たな住宅政策に対応した制度的枠組みに関する中間とりまとめ」は、公的住宅政策の市場化をコンセプトとした内容のものであり、それがさらに前述の本答申となり、住生活基本法に発展することになったわけである。

　その住生活基本法と住宅関連三法によって中低所得層の居住改善はきわめて困難になったが、とりわけ低所得層の場合は深刻である。新法でいう地域住宅とは、法制度上の名ばかりのものであり、自治体などの新設公営住宅建設からの撤退がさらに続くことになれば、低所得層を対象とした低家賃の公的賃貸住宅の建設供給がなくなることになるからである。

　公的賃貸住宅の既入居者にとっては、管理が民営化され、家賃が民間並みのものになり（すでに都市再生機構や一部の地方住宅供給公社住宅家賃は、「近傍同種家賃」制度をとり、民間並みになっているが）、いずれ建替えによる家賃の高額化で高負担に耐えるか、あるいは退去するかの厳しい選択に迫られる個になるだろう。民間経営の団地になる公的賃貸住宅団地が出る可能性も高いといわなければならない。

　民間賃貸住宅居住者もすでに二年ごとの契約更改時に定期借家権をタテに家賃の値上げを迫られているが、今後、公的賃貸住宅に入居を希望しても、その受け皿は皆無という事態になっているだろう。現に借家借間人の団体には入居者からのそうした訴えが増えてきているという（東京借家人組合の機関紙）のである。

　中所得層であれば、これまでは住宅金融公庫を利用して持ち家を取得し、居住改善を図ることも可能であったが、それもなかなか難しくなる。前述しているとおり民間金融機関の選別はかなりきびしいからである。低所得者にとっても中所得者にとっても居住改善が難しくなる国になるわけである。民間にできるものは民間でと、民間に公庫が行ってきた融資業務を移すだけで、公庫が融資対象に課していた建築

条件と規制を代替させる措置は講じていないので、建築水準が低下し、都市環境が悪化することになるのも避けられない。これが今後、だれが見ても予測可能なわが国の住宅政策によってもたらされる状況である。

　前述しているように総務庁の2003年住宅・土地統計調査によれば、住宅建設計画がこの四半世紀、その解消を目標に掲げてきた最低居住水準未満の世帯はなお多く存在し、その数は約224万戸に達する。これらの世帯が少なくとも現在もなお、居住改善を求めているといっていいのである。空き家はあるが、それは居住改善につながるものでないというのが今日の住宅事情なのである。

　ちなみに全国の公営住宅の管理戸数は2003年度末の時点で計220万戸である。これは仮に公営住宅がこの管理戸数の倍、建設されていたら、最低居住水準未満の世帯はほぼ解消していたことを示している。公的賃貸住宅の建設はなお、人々から待たれていることがわかるというものである。それに対しこたえることが国民の居住権を保障することにつながることになる。住宅政策の核心がここに置かれなければならないのはいうまでもないが、ここに目をそらしているのが住生活基本法と住宅関連三法の制定と改正である。

　福祉の基礎は国民一人ひとりが安全で快適な住宅を確保し、その住宅を取り巻く環境が良好なことである。そうした国家社会を形成するうえで国民の居住権を保障することは必須の条件といっていい。しかし、住生活基本法はわが国を、そのような国家社会からますます遠ざけてしまったといっていいだろう。*

　＊　戦後住宅政策に関する基礎的文献については、本間『戦後住宅政策の検証』（信山社、2004年）を参照されたい。文中にある「政府説明文書」とは、国土交通省が衆参両院国土交通委員会に提出した説明資料であるが、一般的には同省住宅局住宅政策課・住宅法令研究会編『逐条解説・住生活基本法』（ぎょうせい）がある。

> **住生活基本法**（2006年6月8日法律第61号）

第1章　総　則

（目的）

第1条　この法律は、住生活の安定の確保及び向上の促進に関する施策について、基本理念を定め、並びに国及び地方公共団体並びに住宅関連事業者の責務を明らかにするとともに、基本理念の実現を図るための基本的施策、住生活基本計画その他の基本となる事項を定めることにより、住生活の安定の確保及び向上の促進に関する施策を総合的かつ計画的に推進し、もって国民生活の安定向上と社会福祉の増進を図るとともに、国民経済の健全な発展に寄与することを目的とする。

（定義）

第2条　この法律において「住生活基本計画」とは、第15条第1項に規定する全国計画及び第17条第1項に規定する都道府県計画をいう。

2　この法律において「公営住宅」とは、次に掲げる住宅をいう。

一　公営住宅法（昭和26年法律第193号）第2条第2号に規定する公営住宅（以下単に「公営住宅」という）。

二　住宅地区改良法（昭和35年法律第84号）に規定する改良住宅。

三　住宅金融公庫が貸し付ける資金によって建設、購入又は改良が行われる住宅。

四　独立行政法人都市再生機構がその業務として賃貸又は譲渡を行う住宅。

五　前各号に掲げるもののほか、国、政府関係機関若しくは地方公共団体が建設を行う住宅又は国若しくは地方公共団体が補助、

貸付家その他の助成を行うことによりその建設の推進を図る住宅。

（現在及び将来における国民の住生活の基盤となる良質な住宅の供給等）
第3条　住生活の安定の確保及び向上の促進に関する施策の推進は、我が国における近年の急速な少子高齢化の進展、生活様式の多様化その他の社会経済情勢の変化に的確に対応しつつ、住宅の需要及び供給に関する長期見通しに即し、かつ、居住者の負担能力を考慮して、現在及び将来における国民の住生活の基盤となる良質な住宅の供給、建設、改良又は管理（以下「供給等」という）が図られることを旨として、行わなければならない。

（良好な居住環境の形成）
第4条　住生活の安定の確保及び向上の促進に関する施策の推進は、地域の自然、歴史、文化その他の特性に応じて、環境との調和に配慮しつつ、住民が誇りと愛着をもつことのできる良好な居住環境の形成が図られることを旨として、行わなければならない。

（居住のために住宅を購入する者等の利益の擁護及び増進）
第5条　住生活の安定の確保及び向上の促進に関する施策の推進は、民間事業者の能力の活用及び既存の住宅の有効利用を図りつつ、居住のために住宅を購入する者及び住宅の供給等に係るサービスの提供を受ける者の利益の擁護及び推進が図られることを旨として、行わなければならない。

（居住の安定の確保）
第6条　住生活の安定の確保及び向上の促進に関する施策の推進は、住宅が国民の健康で文化的な生活にとって不可欠な基盤であることにかんがみ、低額所得者、被災者、高齢者，子どもを育成する家庭その他住宅の確保に特に配慮を要する者の居住の安定の確保が図られることを旨として、行われなければならない。

（国及び地方公共団体の責務）
第7条　国及び地方公共団体は、第3条から前条までに定める基本理念（以下「基本理念」という）にのっとり、住生活の安定の確保及

び向上の促進に関する施策を策定し、及び実施する責務を有する。
　2　国は、基本理念にのっとり、住宅の品質又は性能の維持及び向上に資する技術に関する研究開発を促進するとともに、住宅の建設における木材の使用に関する伝統的な技術の継承及び向上を図るため、これらの技術に関する情報の収集及び提供その他必要な措置を講ずるものとする。
　3　国及び地方公共団体は、教育活動、広報活動その他の活動を通じて、住生活の安定の確保及び向上の促進に関し、国民の理解を深め、かつ、その協力を得るよう努めなければならない。

（住宅関連事業者の責務）

第8条　住宅の供給等を業として行う者（以下「住宅関連業者」という）は、基本理念にのっとり、その事業活動を行うに当たって、自らが住宅の安全性その他の品質又は性能の確保について最も重要な責任を有していることを自覚し、住宅の設計、建設、販売及び管理の各段階において住宅の安全性その他の品質又は性能を確保するために必要な措置を適切に講ずる責務を有する。
　2　前項に定めるもののほか、住宅関連業者は、基本理念にのっとり、その事業活動を行うに当たっては、その事業活動に係る住宅に関する正確かつ適切な情報の提供に努めなければならない。

（関係者相互の連携及び協力）

第9条　国、地方公共団体、公営住宅等の供給等を行う者、住宅関連業者、居住者、地域において保健医療サービス又は福祉サービスを提供する者その他の関係者は、基本理念にのっとり、現在及び将来の国民の住生活の安定の確保及び向上の促進のため、相互に連携を図りながら協力するよう努めなければならない。

（法制上の措置等）

第10条　政府は、住生活の安定の確保及び向上の促進に関する施策を実施するために必要な法制上、財政上又は金融上の措置その他の措置を講じなければならない。

第2章　基本的施策

(住宅の品質又は性能の維持及び向上並びに住宅の管理の合理化又は適正化)

第11条　国及び地方公共団体は、国民の住生活を取り巻く環境の変化に対応した良質な住宅の供給等が図られるよう、住宅の地震に対する安全性の向上を目的とした改築の促進、住宅に係るエネルギーの使用の合理化の促進、住宅の管理に関する知識の普及及び情報の提供その他住宅の安全性、耐久性、快適性、エネルギーの使用の効率性その他の品質又は性能の維持及び向上並日に住宅の管理の合理化又は適正化のために必要な施策を講ずるものとする。

(地域における居住環境の維持及び向上)

第12条　国及び地方公共団体は、良好な居住環境の形成が図られるよう、住民の共同の福祉又は利便のために必要な施設の整備、住宅市街地における良好な景観の形成の促進その他地域における居住環境の維持及び向上のために必要な施策を講ずるものとする。

(住宅の供給等に係る適正な取引の確保及び住宅の流通の円滑化のための環境の整備)

第13条　国及び地方公共団体は、居住のために住宅を購入する者及び住宅の供給等に係るサービスの提供を受ける者の利益の擁護及び増進が図られるよう、住宅関連業者による住宅に関する正確かつ適切な情報の提供の促進、住宅の性能の表示に関する制度の普及その他住宅の供給等に係る適正な取引の確保及び住宅の流通の円滑化のための環境の整備のために必要な施策を講ずるものとする。

(居住の安定のために必要な住宅の供給の促進等)

第14条　国及び地方公共団体は、国民の居住の安定の確保が図られるよう、公営住宅及び災害を受けた地域の復興のために必要な住宅の供給等、高齢者向けの賃貸住宅及び子どもを育成する家庭向けの賃貸住宅の供給の促進その他必要な施策を講ずるものとする。

第3章　住生活基本計画

(全国計画)
第15条　政府は、基本理念にのっとり、前章に定める基本的施策その他の住生活の安定の確保及び向上の促進に関する施策の総合的かつ計画的な推進を図るため、国民の住生活の安定の確保及び向上の促進に関する基本的な計画(以下「全国計画」という)を定めなければならない。

2　全国計画は、次に掲げる事項について定めるものとする。
　一　計画期間
　二　住生活の安定の確保及び向上の促進に関する施策についての基本的方針
　三　国民の住生活の安定の確保及び向上の促進に関する目標
　四　前号の目標を達成するために必要と認められる住生活安定の確保及び向上の促進に関する施策であって基本的なものに関する事項
　五　東京都、大阪府その他の住宅に対する需要が著しく多い都道府県として政令で定める都道府県における住宅の供給等及び住宅地の供給の促進に関する事項
　六　前各号に掲げるもののほか、住生活の安定の確保及び向上の促進に関する施策を総合的かつ計画的に推進するために必要な事項

3　国土交通大臣は、全国計画の案を作成し、閣議の決定を求めなければならない。

4　国土交通大臣は、前項の規定により全国計画を作成しようとするときは、あらかじめ、インターネットの利用その他の国土交通省令で定める方法により、国民の意見を反映させるために必要な措置を講ずるとともに、関係行政機関の長に協議し、社会資本整備審議会及び都道府県の意見を聴かなければならない。

5　国土交通大臣は、全国計画について第3項の閣議の決定があっ

たときは、遅滞なく、これを公表するとともに、都道府県に通知しなければならない。

6　前3項の規定は、全国計画の変更について準用する。

(全国計画に係る政策の評価)

第16条　国土交通大臣は、行政機関が行う政策の評価に関する法律(平成13年法律第86号)第6条第1項の基本計画を定めるときは、同条第2項第6号の政策として、全国計画を定めなければならない。

2　国土交通大臣は、前条第5項(同条第6項において準用する場合も含む)の規定による公表の日から2年を経過した日以後、行政機関が行う政策の評価に関する法律第7条第1項の実施計画を初めて定めるときは、同条第2項第1号の政策として全国計画を定めなければならない。

(都道府県計画)

第17条　都道府県は、全国計画に即して、当該都道府県の区域内における住民の住生活の安定の確保及び向上の促進に関する基本的な計画(以下「都道府県計画」という)を定めるものとする。

2　都道府県計画は、次に掲げる事項について定めるものとする。

一　計画期間

二　当該都道府県の区域内における住生活の安定の確保及び向上の促進に関する施策についての基本的な方針

三　当該都道府県の区域内における住民の住生活の安定の確保及び向上の促進に関する目標

四　前号の目標を達成するために必要と認められる当該都道府県の区域内における住生活の安定の確保及び向上の促進に関する施策に関する事項

五　計画期間における当該都道府県の区域内の公営住宅の供給の目標

六　第15条第2項第5号の政令で定める都道府県にあっては、計画期間内において住宅の供給等及び住宅地の供給を重点的に

第4章 日本 住生活基本法

　　　図るべき地域に関する事項
　　七　前各号に掲げるもののほか、当該都道府県の区域内における住生活の安定の確保及び向上の促進に関する施策を総合的かつ計画的に推進するために必要な事項
3　都道府県は、都道府県計画を定めようとするときは、あらかじめ、インターネットの利用その他の国土交通省令で定める方法により、住民の意見を反映させるために必要な措置を講ずるとともに、当該都道府県の区域内の市町村に協議しなければならない。この場合において、地域における多様な需要に応じた公的賃貸住宅等の整備等に関する特別措置法（平成17年法律第79号）第5条第1項の規定により地域住宅協議会を組織している都道府県にあっては、当該地域住宅協議会の意見を聴かなければならない。
4　都道府県は、都道府県計画を定めようとするときは。あらかじめ、第2項第5号に係る部分について、国土交通大臣に協議し、その同意を得なければならない。、
5　国土交通大臣は、前項の同意をしようとするときは、厚生労働大臣に協議しなければならない。
6　都道府県計画は、国土形成計画法（昭和25年法律第205号）第2条第1項に規定する国土形成計画及び社会資本整備重点計画法（平成15年法律第20号）第2条第1項に規定する社会資本整備重点計画との調和が保たれなければならない。
7　都道府県は、都道府県計画を定めたときは、遅帯なく、これを公表するとともに、国土交通大臣に報告しなければならない。
8　第3項から前項までの規定は、都道府県計画の変更について準用する。

（住生活基本計画の実施）
第18条　国及び地方公共団体は、住生活基本計画に即した公営住宅等の供給等に関する事業の実施のために必要な措置を講ずるとともに、住生活基本計画に定められた目標を達成するために必要なその他の措置を講ずるよう努めなければならない。

2 国は、都道府県計画の実施並びに住宅関連事業者、まちづくりの推進を図る活動を行うことを目的として設立された特定非営利活動促進法（平成10年法律第7号）第2条第2項に規定する特定非営利活動法人、地方自治法（昭和22年法律第67号）第260条の2第1項に規定する地縁による団体その他の者（以下この項において「住宅関連事業者等」という）が住生活基本計画に即して行う住生活の安定の確保及び向上の促進に関する活動を支援するため、情報の提供、住宅関連事業者等が住宅の供給等について講ずべき措置の適切かつ有効な実施を図るための指針の策定その他必要な措置を講ずるよう努めなければならない。

3 住宅金融公庫、独立行政法人都市再生機構、地方住宅供給公社及び土地開発公社は、住宅の供給等又は住宅地の供給に関する事業を実施するに当たっては、住生活基本計画に定められた目標の達成に資するよう努めなければならない。

（関係行政機関の協力）

第19条 関係行政機関は、全国計画に即した住生活の安定の確保及び向上の促進に関する施策の実施に関連して必要となる公共施設及び公益的施設の整備その他の施策の実施に関し、相互に協力しなければならない。

（資料の提出等）

第20条 国土交通大臣は、全国計画の策定又は実施のために必要があると認めるときは、関係行政機関の長に対し、必要な資料の提出を求め、又は当該行政機関の所管に係る公営住宅等の供給等に関し意見を述べることができる。

第4章　雑　則

（住生活の安定の確保及び向上の促進に関する施策の実施状況の公表）

第21条 国土交通大臣は、関係行政機関の長に対し、住生活の安定の確保及び向上の促進に関する施策の実施状況について報告を求めることができる。

2 　国土交通大臣は、毎年度、前項の報告を取りまとめ、その概要を公表するものとする。

(権限の委任)

第22条　この法律に規定する国土交通大臣及び厚生労働大臣の権限は、国土交通大臣の権限にあって国土は交通省令で定めるところにより地方整備局長又は北海道開発局長にその一部を、厚生労働大臣のにあっては厚生労働省令で定めるところにより地方厚生局長にその全部又は一部を、それぞれ委任することができる。

附則、施行令、施行規則については略

各国基礎データ

項　目	アメリカ	フランス	韓　国	日　本
人　口	288,600千人 (2002年)	59,630千人 (2003年)	46,136千人 (2000年)	126,926千人 (2000年)
世　帯　数	109,297千世帯 (2002年)	23,810千世帯 (1999年)	14,312千世帯 (2000年)	47,063千世帯 (2000年)
平均世帯人数	2.69人 (2000年)	2.50人 (1999年)	3.22人 (2000年)	2.67人 (2000年)
住宅ストック数	119,117千戸 (2001年)	29,495千戸 (2002年)	12,358千戸 (2002年)(注3)	53,866千戸 (2003年速報)
住宅着工戸数 (対住宅ストック比)	1,953千戸 (2004年) 1.6% (2004年度／ 2001年)	294千戸 (2002年) 1.0% (2002年度／ 1999年)	667千戸 (2000年) 5.4% (2002年度／ 2002年)	1,174千戸 (2003年) 2.2% (2003年度／ 2003年)
世帯あたり戸数	1.090戸 (2001年／ 2002年)	1.239戸 (1999年)	※住宅の数え方か 所有単位のため 比較できない	1.141戸 (2003年速報)
戸あたり床面積 (注1)	148㎡ (2001年)	97㎡(1996年) 99㎡(2002年)	84㎡ (2002年)	96㎡ (2003年速報)
(うち持家)	157㎡ (2001年)	114㎡ (1996年) ―	―	125㎡ (2003年速報)
(うち借家)	113㎡ (2001年)	76㎡(1996年) ―	―	48㎡ (2003年速報)
一人あたり 平均床面積	65.3㎡ (2001年)	40.7㎡ (2002年)	20.1㎡ (2000年)	36.0㎡ (2003年速報)
持　家　率	68.0% (2001年)	56.0% (2002年)	54.2% (2000年)	61.2% (2003年速報)
新築住宅平均価格 (年収倍率)	2,129万円 (2001年) ※新築戸建住宅販 売価格中位値 3.4倍 (2001年)	1,576万円 (1997年) ※戸建て住宅 4.7倍 (1997年)	※住宅総合計画 4.0倍 (2000年)	3,515万円 (2003年) ※公庫利用者一戸 建平均購入価格 4.9倍 (2003年)
社会賃貸住宅 ストック数	1,632千戸 (1998年)	3,953千戸 (1998年)	約390千戸 (2002年)	約2,179千戸 (2002年)
社会賃貸住宅 フロー数	ほとんどなし (公営住宅) 約75,000戸 (LIHTC2003年)	42,609戸 (1998年)	約51,000戸 (2002年)	約21,000戸 (2003年)
住宅手当予算額 (注2)	19,028億円 (2004年)	6,999億円 (2003年)	―	―

注)1　戸あたり平均床面積は、壁心換算値である。また、アメリカは長屋建・共同住宅を除いた住宅の面積。
　2　住宅手当予算額は、2003年の年平均為替レート（International Financial Statistics 2004 (IMF)）により換算。
　3　韓国の住宅ストック数は所有単位であり、共同住宅でも区分所有でなければ1つの住宅として数えられている。

（社会資本整備審議会住宅宅地分科会基本制度部会資料＝2006年＝より作成）

あとがき

　小泉内閣による構造改革路線以降、あらゆる部面で市場原理が重視されることになり、公的役割が縮小されていっています。それは「縮小」というより「撤退」といったほうがふさわしい劇的変化です。住宅政策も例外ではありません。

　戦後のわが国は新しい憲法の下に生まれ変わり、多くの部面でその憲法が掲げた理想を実現すべく取り組んできました。住宅政策においても憲法第25条の理念を具体化すべく公営住宅の建設・供給をはじめとする公的住宅政策が展開されてきた経緯があります。これにより2005年までに公営住宅約220万戸、住宅公団（現UR）住宅約150万戸、地方住宅供給公社住宅約70万戸が供給されてきました。しかし、本文で触れているように、なお、わが国においては居住水準が劣悪な世帯が220万世帯くらい存在します。それらの世帯はアフォーダブルな住宅を求めつづけています。住宅問題がすっかり解決したわけではないのです。しかも、構造改革により国民の間の格差が拡大する一方で、それは居住の面でも見逃せなくなっています。わが国ではなお、住宅政策が「撤退」してもいい状況でないのは明らかといってよいでしょう。

　住宅政策における公的役割の撤退過程で特徴的なのは、人権意識が希薄化していっていることです。たとえば、その撤退は、ハビタットⅡにおいて、各国には国民の居住権を保障する責務があり、そのための政策実施を求める宣言を行っていますが、その直後から、わが国では住宅政策が撤退しはじめています。そのためにさらに国民の間に居住不安・居住格差が拡大することになっています。

　その「居住権」を主たるキーワードに、では他の国の法制度ではどういう状況なのかを見てみようと、おりしも近年、住宅（基本）法について大きな改変が加えられた米国、フランス、韓国とわが国の、住

宅政策の法的根拠となっている住生活基本法について比較・検討したのが本書です。

　米国を担当した海老塚は、米国の住宅事情にくわしく、米国在住の著名な住宅政策研究者、上野真城子さんと共同研究を行っている実績を有し、フランスを担当した寺尾はもともと民法の研究者で、同国に留学し、都市法と住宅法にもくわしい。本間はこの四半世紀以上、わが国の住宅政策のウォッチャーでありつづけ、尹（ユン）は地方自治の専門家で、この分野で九州大学で学位を取得しており、地方自治の観点から住宅問題にも関心を有していて、本間を中心にこの四人が語らって本書をまとめました。

　本書では比較検討の論稿のほかに各国住宅（基本）法を紹介しているのを特徴としています。できれば各国とも全文を紹介できればよかったのですが、米国、フランスのそれは膨大で、かつ構成が込み入っており、韓国も量的に膨大で、わが国の住生活基本法を除いては抄訳とせざるを得なかったことをお断りしておかなければなりません。しかし、わが国の住宅政策が国際的に見て、どういう位置にあるかを理解するうえでは格好の資料となるでしょう。残念なのは2007年7月に『住宅緑書（Homes for the future : more affordable, more sustainable)』を発表し、居住不安にある人々に2016年までに年間24万戸、計200万戸の公的住宅の供給を行うことを公約した英国について触れられなかったことです。これは今後の宿題としておきたいと思います。

　本書が「居住福祉研究叢書」の1冊に加えられるにあたっては、居住福祉学会の早川和男・神戸大学名誉教授、吉田邦彦・北海道大学教授のお力添えによるところが大きく、お二人に感謝いたします。また出版にあたって、お骨折りいただいた信山社の袖山貴社長、稲葉文子さんにたいへんお世話になりました。このお二人にも感謝する次第です。

　　2008年11月

　　　　　　　　　　　　　　　　　　　　　著 者 一 同

日本居住福祉学会のご案内

〔趣　旨〕

　人はすべてこの地球上で生きています。安心できる「居住」は生存・生活・福祉の基礎であり、基本的人権です。私たちの住む住居、居住地、地域、都市、農山漁村、国土などの居住環境そのものが、人々の安全で安心して生き、暮らす基盤に他なりません。

　本学会は、「健康・福祉・文化環境」として子孫に受け継がれていく「居住福祉社会」の実現に必要な諸条件を、研究者、専門家、市民、行政等がともに調査研究し、これに資することを目的とします。

〔活動方針〕

(1)　居住の現実から「住むこと」の意義を調査研究します。
(2)　社会における様々な居住をめぐる問題の実態や「居住の権利」「居住福祉」実現に努力する地域を現地に訪ね、住民との交流を通じて、人権、生活、福祉、健康、発達、文化、社会環境等としての居住の条件とそれを可能にする居住福祉政策、まちづくりの実践等について調査研究します。
(3)　国際的な居住福祉に関わる制度、政策、国民的取り組み等を調査研究し連携します。
(4)　居住福祉にかかわる諸課題の解決に向け、調査研究の成果を行政改革や政策形成に反映させるように努めます。

学会事務局

〒466-8666　名古屋市昭和区八事本町101-2
中京大学　総合政策学部
岡本研究室気付
TEL　052-835-7652
FAX　052-835-7197
E-mail：yokamoto@mecl.chukyo-u.ac.jp

《執筆者紹介》五十音順

海老塚良吉　（えびづか　りょうきち／独立行政法人・都市再生機構　都市住宅技術研究所、法政大学現代福祉学部兼任講師）
生年：1950 年
専門分野：住宅問題・建築経済、博士（学術）
主著作：『民間非営利組織による住宅事業—日本の実態と欧米との比較』『アメリカの州及び地方住宅政策に関する研究』（共著）、『欧米の住宅対策予算・法制度に関する研究』（共著）ほか

寺尾　　仁　（てらお　ひとし／新潟大学工学部准教授）
生年：1957 年
専門分野：都市法学、公共政策学　法学修士（日本）、都市計画法・建設法高等専門研究学位（フランス）
主著作：「フランスにおける住宅人権の展開」早川『住宅人権の展開』学陽書房（1991）、「都市政策と住宅法制—フランス」原田ほか『現代の都市法』東京大学出版会（1993）、「フランス居住運動の新しい波」内田・平山『世界の居住運動』「講座現代居住 5」東京大学出版会（1996）、「誰が都市で困窮者に住宅を供給するのか」内田・浦川・鎌田『現代の都市と土地私法』有斐閣（2001）、「フランスにおける都市再生政策の論理の対抗」原田・大村『現代都市法の新展開』東京大学社会科学研究所（2004）

本間　義人　（ほんま　よしひと／法政大学名誉教授）
生年：1935 年
毎日新聞編集委員、九州大学大学院教授を経て、2006 年 3 月まで法政大学教授
専門分野：都市・住宅政策　地域政策　法学博士
主著作：『内務省住宅政策の教訓』（御茶の水書房）、『自治体住宅政策の検討』（日本経済評論社）、『戦後住宅政策の検証』（信山社）、『どこへ行く住宅政策』（東信堂）、『国土計画の思想』（日本経済評論社）、『国土計画を考える』（中公新書）、『地域再生の条件』（岩波新書）ほか

尹　　載善　（ユン・ジェソン／翰林聖心大学行政学部教授）
生年：1954 年
延世大学大学院、江原大学大学院修了。九州大学大学院修了。大分大学客員教授、大阪市立大学客員教授などを務める。翰林大学日本学研究所教授兼任。
専門分野：行政学、地方自治論　行政学博士（韓国）、博士（法学）
主著作：『日韓政府間関係の比較研究』、『日本地方自治体の国際化構想に関する研究』、『地方分権型社会の形成』（ソウル・大栄文化社）、『韓国の軍隊』（中央公論新社）ほか

国際比較・住宅基本法
居住福祉研究叢書 第4巻

2008年12月25日　第1版第1刷発行　46変上製カ
　　　　　　3264-01010 P224：¥2800E：PB1+100

著　者　　海老塚　良　吉
　　　　　寺　尾　　　仁
　　　　　本　間　義　人
　　　　　尹　　　載　善

発行者　　今　井　　　貴

発行所　　株式会社信山社
〒113-0033 東京都文京区本郷6-2-9-102
Tel 03-3818-1019　Fax 03-3818-0344

©著者,信山社 2008　印刷・製本／松澤印刷・渋谷文泉閣
ISBN978-4-7972-3264-6　C3332 分類369.000-a004
©禁コピー　信山社 2008